Keine Angst vor Japan

Nippon richtig bereisen

1. Auflage
© 2017 MANA-Verlag, Eichhorster Weg 80, Haus C, 13435 Berlin
Das Werk ist in allen seinen Teilen urheberrechtlich geschützt.
Jede Verwertung außerhalb der engen Grenzen des Urheberrechtsgesetzes
ist ohne Zustimmung des Verlages unzulässig.
Dies gilt insbesondere für Vervielfältigungen, Übersetzungen,
Mikroverfilmungen und die Einspeicherung und Verarbeitung
in elektronischen Systemen.
Umschlaggestaltung, Layout und Satz: MANA-Verlag
Lektorat: MANA-Verlag
Druck: Dardedze, Riga
Bibliografische Informationen der Deutschen Nationalbibliothek:
Die Deutsche Nationalbibliothek verzeichnet diese Publikation in der Deutschen Nationalbibliografie;
detaillierte bibliografische Daten sind im Internet abrufbar unter
http://dnb.dnb.de.
ISBN 978-3-95503-084-1

Sie finden unser gesamtes Programm unter
www.mana-verlag.de

Reisehinweise und Tipps in diesem Buch basieren auf persönlichen Erfahrungen und öffentlich zugänglichen Informationen. Sie wurden nach bestem Wissen zusammengestellt und auf ihre Richtigkeit und Aktualität geprüft. Für dennoch nicht auszuschließende sachliche Fehler übernehmen Autor und Verlag keine Haftung. Die Geltendmachung von Ansprüchen jeglicher Art ist ausgeschlossen.

Wofgang Beckmann

Keine Angst vor Japan

Nippon richtig bereisen

Inhalt

Vorwort 6

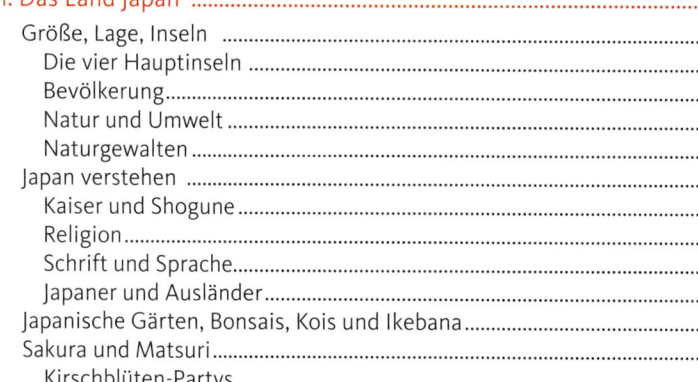

1. Das Land Japan 9
Größe, Lage, Inseln 10
   Die vier Hauptinseln 10
   Bevölkerung 12
   Natur und Umwelt 13
   Naturgewalten 16
Japan verstehen 19
   Kaiser und Shogune 20
   Religion 24
   Schrift und Sprache 25
   Japaner und Ausländer 26
Japanische Gärten, Bonsais, Kois und Ikebana 27
Sakura und Matsuri 29
   Kirschblüten-Partys 29
   Matsuri 30
Geishas, Mangas und andere Phänomene 31
   Geishas 31
   Manga, Anime, Cosplay und Maid-Cafés 32
   Pachinko 34
Japan heute 35
Japanische Besonderheiten, die auffallen 37

2. So verhalten Sie sich in Japan richtig 39
Keine Angst – ist gar nicht so schwer 40
   Begrüßung 41
   Anrede 41
   Visitenkarten 42
   Bekleidung 42
   Pünktlichkeit 42
   Nein sagen 43
   Ja sagen 43
   Komplimente 44
   Lächeln und Gesten 44
   Naseputzen 44
   Rauchen 45
   In Tempeln, Schreinen und Burgen 45
   Schuhe 46
   Toilettenbesuch 47
   Baderegeln im öffentlichen und privaten Bad 47
   Stäbchen und andere Besonderheiten beim Essen 49
Regeln, die Sie beachten sollten 50
   Essen in der Öffentlichkeit 51
   Trinken und Feiern 51
   Regenschirm 52

  Einkaufen und Bezahlen 53
  Einladungen ins Restaurant 53
  Private Einladungen..54
  Geschenke...54
  Kleine Aufmerksamkeiten...55

3. In Japan zurechtkommen 57

 Die erste Japanreise 58
 Der Weg ist das Ziel 60
  Reisezeiten und entsprechende Kleidung 64
  Zeitverschiebung.. 68
  Sprachkenntnisse 69
  Einreise nach Japan und ein paar Basics 70
 Übernachten 74
 Kulinarisches...80
 Verkehrsmittel 97
 Orientierung in Städten 102

4. Reisen mit Bahn und Bus 105

 Zugfahren 106
  Der Japan Rail-Pass 106
  Bahnen ohne JR-Pass benutzen... 112
  Suica- oder Pasmo-Prepaidkarten 113
  Bahnhöfe 114
  Zugverbindungen mit HyperDia finden 115
 Busfahren 116

5. Sehenswertes – Reiseziele 119

 Wohin soll es gehen? 120
 Zentraljapan: Kanto und Chubu 123
  Tokyo 123
  Ausflugsideen für Kanto und Chubu.. 142
 Westjapan: Kinki (Kansai), Chugoku und Shikoku 163
  Kyoto 163
  Ausflüge ins Umfeld von Kyoto 174
  Osaka 179
  Ausflugsideen für Kinki (Kansai) und Chugoku...................... 180
 Südjapan: Kyushu und Okinawa 193
  Fukuoka/Hakata 193
  Ausflugsideen für Nord-Kyushu 195
  Kagoshima.. 205
  Satsuma-Halbinsel 206
  Okinawa 207
 Nordjapan: Tohoku und Hokkaido 209
  Tohoku 209
  Hokkaido 222

Anhang: Nützliche Links, Bildnachweis, Register 232

Vorwort

Seit 1999 schon bereisen meine Frau und ich Japan in regelmäßigen Abständen – und zwar als Individualtouristen.

Für uns ist Japan nicht nur sprichwörtlich das „Land der aufgehenden Sonne". Wir haben inzwischen auch schon beim Landen des Flugzeuges gewisse Heimatgefühle. Ich hoffe, dass ich Sie mit unserer Begeisterung und Liebe für Japan auf den nachfolgenden Seiten anstecken kann.

Um es vorweg zu nehmen: Viele Leute denken, dass eine Japanreise ohne professionelle Unterstützung nicht möglich ist. Unter Umständen fragen Sie sich auch, warum man derartige Reisen selbst gestalten soll. Schließlich gibt es doch jede Menge Reiseangebote mit mehr oder weniger Führung. Das ist sicher eine Frage der persönlichen Mentalität. Als Individualtourist tauschen Sie ein relativ starres Reglement gegen viel persönliche Freiheit ein. Sie können an einem Ort so lange bleiben, wie Sie wollen, und Sie können Ihre Planung spontan (warum auch immer) ändern.

Man muss sicher auch die Lust und die nötige Zeit haben, um schon zu Hause mit Vorfreude eine auf die eigenen Wünsche und Bedürfnisse zusammengestellte Reise zu planen.

Den „Bazillus" Japan habe ich mir schon Ende des Jahres 1966 eingefangen, als ich begann, die japanische Kampfkunst Aikido zu erlernen. Dieser private Hinweis erfolgt nur zum besseren Verständnis für unseren ersten Aufenthalt in Japan. Diese Reise war 1999 von unserem Bundestrainer organisiert worden. Wir flogen mit einer größeren Gruppe Gleichgesinnter in den Großraum Tokyo, um gemeinsam zu trainieren und Japan kennenzulernen. Um ohne Führung Eindrücke von Tokyo zu gewinnen, verlängerten wir den Aufenthalt um eine Woche. Meine Frau hatte zu diesem Zeitpunkt einen Japanisch-Sprachkurs absolviert und konnte sich zumindest verbal etwas verständigen. Ich hatte da schon mehr Probleme: Kein Wort Japanisch und nur fast vergessenes Schulenglisch.

Hätte man mich damals gefragt, ob eine selbst geplante Reise ohne japanische Sprachkenntnisse Sinn macht, hätte ich sicher mit „Nein" geantwortet. Die Bereitschaft der Japaner eine Fremdsprache zu benutzen, war seinerzeit nicht besonders ausgeprägt. Bestes Beispiel hierfür war folgendes Erlebnis in einem Vorort von Tokyo: Wir waren mit

> In diesem Buch werden die japanischen Begriffe in einfacher lateinischer Schrift (Romaji) ohne Dehnungs- bzw. Betonungszeichen dargestellt.

einigen Mitreisenden unterwegs und suchten eine Nudelsuppenküche. Da wir uns nicht auskannten, sprach meine Frau einen Japaner an. Als erstes wurde gefragt, wo wir herkommen. Als meine Frau ihm auf Japanisch sagte, dass wir aus Deutschland kämen, war der Angesprochene hocherfreut und outete sich als Deutschlehrer. Nach einigen deutschen Floskeln ging er dann wieder gnadenlos ins Japanische über.

Nachdem unsere Reisegruppe sich verabschiedet hatte, schlugen wir uns dann alleine durch. Hilfsbereite Japaner fanden wir immer. Nur Englisch wollte damals kaum einer gerne reden.

Tor des Tempels Myoshin-ji in Kyoto

Inzwischen haben sich die Verhältnisse grundlegend geändert. Auch außerhalb der Ballungsräume sprechen einen Japaner „freiwillig" auf Englisch an.

Mein Ziel ist es, Ihnen kurz und prägnant das nötige Reisewissen für ein sicher nicht ganz alltägliches Urlaubsland zu vermitteln und Ihnen eventuell vorhandene Ängste bei einer Reise – ohne die schützende Hand eines Reiseleiters – zu nehmen. Ich möchte Ihnen aufzeigen, dass es gar nicht so schwer ist, vor Ort zurechtzukommen. Im Kapitel „Sehenswertes – Reiseziele" finden Sie viele Inspirationen für Ihre Reiseplanung.

Ich danke meiner Frau für die Geduld, mit der sie mich beim Schreiben ertragen hat und dem MANA-Verlag für die Unterstützung bei der Veröffentlichung dieses Buches in seiner Mischung aus Ratgeber, Bildband und Reiseführer.

Ihr Wolfgang Beckmann

Kapitel 1
Das Land Japan

Tokyo-Skyline: Blick auf den Tokyo-Tower und Roppongi

Das Land Japan

Größe, Lage, Inseln

Der Inselstaat Japan mit einer Gesamtfläche von rund 378.000 Quadratkilometern liegt östlich des asiatischen Festlands im nördlichen Pazifik. Die vier Hauptinseln Hokkaido, Honshu, Shikoku und Kyushu sind von unzähligen kleineren Inseln umgeben. Über die Zahl der kleinen Inseln, von denen einige auch Konfliktpotential mit China, Taiwan, Korea und Russland bieten, werden Sie in Medien und Internet unterschiedliche Angaben finden. Nach offiziellen Angaben hat Japan 6.852 Inseln, von denen nur ein Bruchteil bewohnt und viele sehr klein sind.

Japan hat große klimatische Unterschiede zu bieten (siehe auch Kapitel Reisezeiten und entsprechende Kleidung). Das wird einem schnell klar, wenn man sich vor Augen hält, dass der Inselstaat zwischen Taiwan und der zu Russland gehörenden Insel Sachalin über 3.000 Kilometer lang ist und sich über viele Breitengrade erstreckt. Verwaltungstechnisch gliedert sich Japan in acht Regionen mit 47 Präfekturen, denen Städte und Gemeinden folgen.

Japan wird von seinen Einwohnern „Nihon" (Nippon) genannt. Die Silbe „Ni" bedeutet „Sonne" und „hon" kann man mit „Ursprung" übersetzen. Daher ist Japan auch bei uns als das „Land der aufgehenden Sonne" bekannt.

Steinlaterne auf dem Weg zum Itsukushima-Schrein auf Miyajima

Die vier Hauptinseln

Die nachstehend genannten Flächenzahlen beinhalten auch die kleineren Inseln, die den Hauptinseln und deren Präfekturen zugeordnet sind.

Hokkaido

Hokkaido im Norden ist mit über 83.000 Quadratkilometern flächenmäßig die zweitgrößte Insel Japans. Es leben hier aber nur ca. 4 bis 5 % der Gesamtbevölkerung. Hokkaido ist für die Wintersportgebiete bei Sapporo sowie seine unberührte und faszinierend schöne Natur bekannt. Im Süden ist Hokkaido durch die Tsugaru-Straße von der Insel Honshu getrennt.

Honshu

Mit ca. 80 % der Gesamtbevölkerung ist Honshu die einwohnerreichste und mit rund 231.000 Quadratkilometern auch die größte und wirtschaftlich wichtigste Insel Japans. Hier liegen die Hauptstadt Tokyo und die meisten Millionenstädte sowie die höchste Erhebung Japans, der Berg Fuji mit einer Höhe von 3.776 Metern.

Blick auf den Naruto-Gezeitenstrudel

Shikoku

Von den vier Hauptinseln ist Shikoku mit ca. 19.000 Quadratkilometern die kleinste Insel. Brücken über das Seto-Binnenmeer verbinden Honshu und Shikoku. Im Nordosten der Insel kann man in der Meerenge ein beeindruckendes Gezeitenschauspiel bewundern, den Naruto-Strudel mit einem Durchmesser von rund 20 Metern.

Kyushu

Die drittgrößte Insel Kyushu (rund 42.000 Quadratkilometer) hat von den Hauptinseln die zweitgrößte Bevölkerungsdichte. Mit dem Aso und dem Sakurajima befinden sich hier zwei sehr aktive Vulkane. Verwaltungstechnisch gehören die weit südlich der Hauptinseln liegenden Ryukyu-Inseln, zu denen auch Okinawa gehört, mit zur Region Kyushu.

Tokyo – Hier leben rund 9 Millionen Menschen

Bevölkerung

Japan hatte im Jahr 2016 ca. 127 Millionen Einwohner. Der Anteil der nicht japanischen Bevölkerung liegt unter 2 %. Die meisten Japaner leben auf Honshu, wobei hier der Ballungsraum Tokyo eine besondere Rolle spielt. Die eigentliche Stadt hat ca. 9 Millionen Einwohner. Betrachtet man aber die Metropolregion Tokyo, zu der auch die Präfektur Tokyo und weitere Präfekturen und Millionenstädte wie Yokohama, Saitama, Kawasaki und Chiba gehören, kommt man auf über 37 Millionen Einwohner.

Während die Metropolregionen wie Tokyo und andere Millionenstädte ständig wachsen, geht man für Gesamtjapan von sinkenden Bevölkerungszahlen aus. Die Geburtenraten sind rückläufig und der Anteil der älteren Bevölkerung wächst ständig. Die durchschnittliche Lebenserwartung einer Japanerin lag im Jahr 2014 bei 86,8 Jahren (Statistical Yearbook of Japan 2016). Die männlichen Einwohner Japans schneiden mit 80,5 Jahren etwas schlechter ab.

Blick in den Onuma-Quasi-Nationalpark

Natur und Umwelt

Japan ist ein Land, in dem Sie große Gegensätze finden werden. Riesige Metropolen und modernste Technik auf der einen Seite und eine wunderschöne Natur als Gegenpol. Über 80 % der Landfläche ist durch umfangreiche Berggebiete geprägt, die teilweise Bergspitzen von über 3.000 Metern haben. Landschaften mit heißen Quellen, Wasserfällen und Flüssen sowie malerischen Küstenlinien erwarten Sie.

   Japanische Großstädte unterscheiden sich auf den ersten Blick nicht besonders von anderen asiatischen Metropolen. Die Lautstärke vor den Geschäften ist für unsere Ohren gewöhnungsbedürftig und oberirdische Stromleitungen mancherorts sind nicht unbedingt ein Augenschmaus. Trotzdem sind Städte wie Tokyo faszinierend. Die rücksichtsvollen Menschenmengen, eine für uns nicht vorstellbare Sauberkeit sowie die Wolkenkratzer und Tempel dieser Stadt ziehen mich immer wieder in ihren Bann. Auch wenn japanische Städte nicht so durchgängig grün sind wie manche deutsche Großstadt, bieten viele Parks und Gärten doch auch Oasen der Erholung. Die Mischung macht es eben.

Zum Schutz von Landschaft und Ökosystem gibt es über das ganze Land verteilt 33 Nationalparks und 55 Quasi-Nationalparks. Hinzu kommen noch viele weitere Naturparks in den Präfekturen. Ziel dieser Parks ist die Erhaltung der Natur für künftige Generationen. Sie sind teilweise sehr gut erschlossen und bieten schöne Einblicke in japanische Landschaften sowie in deren Pflanzen- und Tierwelt. Der Unterschied zwischen Nationalpark und Quasi-Nationalpark besteht lediglich in der Verwaltungszuständigkeit sowie der nationalen- bzw. regionalen Bedeutung von Ökosystem und Landschaft.

Japaner haben als Shintoisten schon aus religiösen Gründen ein gutes Verhältnis zur Natur und Japan tut auch schon einiges für den Umweltschutz. Selbstverständlich gibt es Umweltschutzgesetze und die Automobilindustrie ist mit der Entwicklung sparsamer Autos mit Hybrid-Technologie wesentlich weiter als unsere Autokonzerne. Das japanische Mülltrennungs- und Recyclingsystem gilt als beispielhaft. Auf der anderen Seite ist das Müllaufkommen hoch. Berge von Verpackungsmüll und Plastikflaschen sind hier sicher nur ein Beispiel. Auch in Japan ist Energiesparen ein Thema. Schaut man sich aber beispielsweise die an jeder Ecke stehenden Getränkeautomaten oder die vielen Leuchtreklamen an, erkennt man sofort, das Japan in diesem Bereich noch reichlich Potential hat.

Die Katastrophe von Fukushima hat nicht nur bei unseren Politikern zur Wende in der Energiepolitik geführt. Auch in Japan hat in der Bevölkerung und bei den Politikern ein Umdenken stattgefunden. So wurden Atomkraftwerke zumindest zeitweise vom Netz genommen. Japans Politiker sind aber der Meinung, sich einen sofortigen und vollständigen Ausstieg aus der Atomenergie trotz vieler Sparmaßnamen noch nicht leisten zu können. In der Bevölkerung hingegen werden die Widerstände gegen die weitere Nutzung der Atomenergie immer stärker. Themen, wie der Einsatz erneuerbarer Energien werden zwar vorangetrieben, sind aber noch nicht ausreichend umgesetzt. Erste Ansätze mit vereinzelten Windkraftanlagen und Feldern mit Photovoltaikanlagen erkennt man aber beim Reisen durch das Land.

Aus dem Krater des Vulkans Esan auf Hokkaido steigt schwefelhaltiger Rauch auf

Das Land Japan

Arashiyama-Bambushain

Japan gerät regelmäßig massiv in die Kritik seitens der Tier- und Umweltschutzorganisationen. Grund hierfür sind der trotz massiver Proteste mit wissenschaftlichen Begründungen durchgeführte Walfang und die grausame Massenschlachtung von Delfinen in der Bucht von Taiji.

Wir besuchen auf unseren Reisen gerne die eine oder andere zoologische Anlage. Auch wenn ich außer Betracht lasse, dass sich sicher kein Tier gerne in Gefangenschaft zur Schau stellen lässt, muss ich leider sagen, dass ich mit der Art der Tierhaltung in einigen Vergnügungsparks und Zoos nicht immer einverstanden bin. Abgesehen davon, dass die Käfige in manchen Fällen größer sein könnten, gibt es auch einige Negativbeispiele auf die ich (siehe Kapitel „Sehenswertes – Reiseziele") hinweisen werde. Das soll Sie aber nicht davon abhalten, etwa an einem Regentag ein Aquarium oder andere Einrichtung aufzusuchen.

Blubbernder heißer Schlamm in der „Hölle" Oniishibozu-Jigoku in Beppu

Naturgewalten

Monsunregen in den Sommermonaten und Taifune zum Herbstbeginn gehören zum Leben in Japan. Auch Erdbeben und Tsunamis sind für Japaner nichts Ungewöhnliches. In Abständen bricht leider auch einer der vielen Vulkane aus. Zum Glück liegen diese meistens nicht in der Nähe stark besiedelter Gebiete. Japan liegt am Schnittpunkt tektonischer Platten, die sich aufeinander zubewegen und übereinander schieben, was zu Vulkanismus und der bekannten hohen Erdbebenaktivität führt. Die Erde wackelt fast jeden Tag irgendwo, aber die Japaner haben gelernt, damit umzugehen. Es gibt ein gutes Frühwarnsystem und bereits in der Schule werden die richtigen Verhaltensmaßnahmen geübt. Zum Glück sind es meistens nur leichte Beben, die man kaum spürt. Aber es ist schon ein merkwürdiges Gefühl, wenn man im 25. Stock eines Hotels in Tokyo auf dem WC sitzt und der Boden leicht schwankt. Während unserer Reisen gab es in Japan viele Erdbeben. Gespürt haben wir bisher aber nur drei, von denen eines immerhin eine Stärke von 8,5 im Epizentrum hatte. In Tokyo lag der Wert dann immer noch bei 6,5. Da haben sich die Häuser schon etwas bewegt. Es war sehr beeindruckend, aber passiert ist zum Glück nichts. Panik gab es auch nicht, und der Spuk war schnell vorbei. Dem Japaner ist eben der Umgang mit Erdbeben vertraut.

Allerdings gibt es in Abständen auch Erdbeben, die größere Schäden anrichten. Das Kumamoto-Erdbeben auf Kyushu vom 15. April 2016 mit einer Stärke von 6,5 und mit einem Nachbeben der Stärke 7,3 am nächsten Tag ist hierfür ein Beispiel. Es gab viele Verletzte und leider auch Todesopfer. Eingestürzte und beschädigte Gebäude sowie Verwerfungen im Straßen und Schienensystem führten zu immensen Sachschäden. Glücklicherweise sind derartig starke Erdbeben nicht die Norm und die Epizentren liegen oft im Meer. Allerdings ist das Kumamoto-Erdbeben nicht die einzige erwähnenswerte Katastrophe, die Japan in diesem Jahrzehnt heimgesucht hat:

Kegon-Wasserfall im Nikko-Nationalpark

Katastrophe von Fukushima

Ein trauriges Beispiel dafür, dass es ein Irrglaube der Menschen ist, die Natur zu beherrschen, ist das Tohoku-Erdbeben vom 11. März 2011. Die Stärke des Bebens wurde von der Japan Meteorological Agency mit einem Wert von 9,0 angegeben. Sein Epizentrum lag ca. 400 Kilometer nordöstlich von Tokyo im Meer. In der Folge kam es zu einem gewaltigen Tsunami, der mit bis zu 30 Meter hohen Wellen auf weite Teile der Küste prallte und alles, was im Weg stand, mit sich riss. Ich habe heute noch die unglaublichen Fernsehbilder der zerstörenden Welle vor Augen.

Trotz vieler Vorkehrungen und der Erfahrung der Japaner im Umgang mit Tsunamis hatten die Schutzmaßen leider diesmal in keiner Form gereicht. Hinzu kam in der Folge die völlige Fehleinschätzung durch die Verantwortlichen im Atomkraftwerk Fukushima verbunden mit einem mangelhaften Krisenmanagement bis hin zur Kernschmelze.

Es ist sicher nicht richtig, einfach zu behaupten, die Reaktorkatastrophe wäre vermeidbar gewesen. Aber sicher dürfte sein, dass die Betreiber aus Gewinnstreben signifikantes Gefahrenpotential nicht gewürdigt haben. Neben den generell zu geringen Maßnahmen ge-

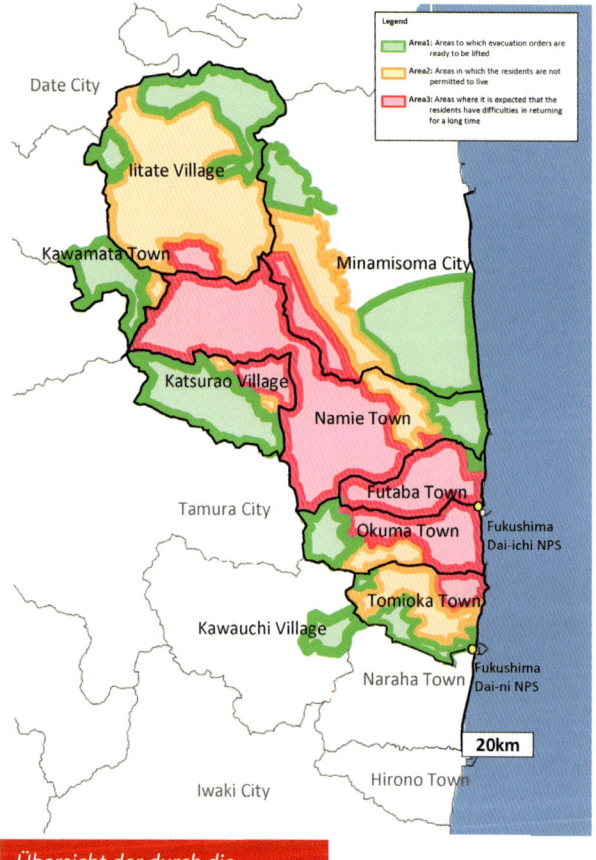

Übersicht der durch die Reaktorkatastrophe belasteten Gebiete

gen Überflutung ist die nicht flutsichere Aufstellung der Notstromaggregate wohl ein maßgebliches Versäumnis gewesen.

Mit den Auswirkungen dieser Katastrophe wird Japan noch lange kämpfen müssen. Sie hat gemäß Pressemeldungen aus dem März 2016 ca. 18.500 Menschen das Leben gekostet und über 100.000 heimatlos gemacht. Einige werden vermutlich nie wieder zurückkehren können.

Japanische Verbraucher achten heute beim Einkauf darauf, aus welcher Gegend die Produkte für das tägliche Leben stammen. Landwirtschaftliche Produkte und Fische aus den betroffenen Gebieten sind teilweise weit über die Grenzwerte belastet und scheiden damit aus der Vermarktung aus. Viele meiden aber auch als unbedenklich eingestufte Produkte aus der Präfektur Fukushima und deren Umgebung.

All dies ist traurig, aber die Folgen dieser Katastrophe müssen Sie nicht von einer Japanreise abhalten. Die Provinz Fukushima ist groß und das Krisengebiet an der Pazifikküste kann ohne Probleme umgangen werden. Gemieden werden sollten aber unbedingt die strahlenbelasteten Gebiete südlich von Sendai.

Nach den Aussagen, des Auswärtigen Amtes bzw. der deutschen Botschaft in Tokyo bestehen keine radiologischen Bedenken gegen eine Reise nach Japan. Aktuelle Informationen zu diesem Thema finden Sie auf Internetseiten des Bundesamtes für Strahlenschutz und des Auswärtigen Amtes (siehe Kapitel „Nützliche Links"). Eine Teilreisewarnung des Auswärtigen Amtes bezieht sich seit längerem nur auf die engere Region um das Kernkraftwerk Fukushima. Aber seien Sie beruhigt: Japan bietet viele schöne Reiseziele abseits der gesperrten Gebiete und deren Umgebung.

Japan verstehen

Bei uns wird Japan oft gleichgesetzt mit ständig lächelnden, unnahbaren Menschen im Kimono sowie mit Sushi, Kois und Kirschblüte. Begriffe wie Samurai und Geisha sind uns geläufig, auch Technik „Made in Japan" sowie Kampfsportarten sind bei uns gut bekannt. Genauso ist der Berg Fuji, den wir Fujiyama und die Japaner Fuji-san nennen, für die meisten Europäer kein Fremdwort. Der eine oder andere hat sicher auch schon mal etwas von den Hochgeschwindigkeitszügen (Shinkansen) gehört.

Viele Leute sind aufgrund der Sprachbarriere und des Schriftsystems der Meinung, dass man Japan nicht alleine bereisen kann. Dies sehe ich gänzlich anders. Man sollte sich sicher vor einer derartigen Reise ein wenig mit der Kultur und Geschichte des Landes beschäftigen. Sie finden in diesem Buch viele Hinweise, die Ihnen helfen werden, im Land der aufgehenden Sonne als Tourist zurechtzukommen. Es ist einfach wichtig, ein Gefühl für die Mentalität der Menschen zu haben. So vermeidet man dann auch das eine oder andere Fettnäpfchen.

Um die Menschen zu verstehen, muss man einerseits wissen, dass die japanische Kultur über Jahrtausende geprägt worden ist. Andererseits hat sich Japan zum Ende des 19. Jahrhunderts im Rekordtempo dem Westen geöffnet, ohne hierbei die Grundzüge seiner Kultur zu vergessen. Man trifft bildlich gesprochen an jeder Ecke auf Vergangenheit und Moderne. Da befindet sich zwischen Hochhäusern ein wundervoller Tempel, ein altes Haus oder ein schöner Park. Gerade in den Städten verbindet sich Westliches mit Östlichem.

Eine alte Buchhandlung in Matsumoto eingeklemmt zwischen modernen Häusern

Kaiser und Shogune

Keine Angst, dies soll ein Reiseratgeber sein. Trotzdem dürfen ein paar Anmerkungen zur Geschichte Japans nicht fehlen.

Um es vorwegzunehmen, den prägenden kulturellen Einfluss der Vorzeit hatte China. Über die Jahrhunderte haben sich hieraus dann die japanischen Gesellschafts- und Kulturnormen entwickelt.

Das japanische Kaiserhaus gilt als die älteste Monarchie der Welt. Seine Entstehung leitet es auf seine direkte Abstammung von der Sonnengöttin Amaterasu-Omikami ab. Der für den Kaiser verwendete japanische Name Tenno bedeutet folgerichtig „himmlischer Herrscher".

Im Laufe der Jahrhunderte etablierte sich in Japan ein Feudalsystem mit Familienklans von Kriegern (Samurais) und Feldherren (Shogune). Fast alles war streng reglementiert. Provinzfürsten (Daimyo) bestraften für die Schuld einzelner Bürger oft ganze Sippen.

Die elitäre Blüte der Samurais begann Ende des 12. Jahrhunderts. Im Laufe der Zeit wurden sie immer mehr zu Beratern und Beamten, die die politische Macht des Kaiserhauses übernahmen und fast bis zum Ende des 19. Jahrhunderts behielten.

Bis Anfang des 17. Jahrhunderts bekämpften sich die Klans unerbittlich, um ihre Macht zu steigern. Erst die Herrschaft des Tokugawa-Klans brachte ein Ende der Auseinandersetzungen. Die Tokowa-Shogune machten Edo, das heutige Tokyo, zum Zentrum ihrer Macht. Der Kaiser hatte so gut wie keine Befugnisse mehr.

In der sogenannten Edo-Zeit von 1603 bis 1868 herrschte in Japan Frieden. Um sich vor äußeren Einflussnahmen zu schützen, kam es in der ersten Hälfte des 17. Jahrhunderts zur Abschottung Japans.

Statue von Tokugawa Ieyasu, dem Begründer des Tokugawa Shogunats

Szene aus einer Straße des alten Edo, dargestellt als Miniatur im Edo-Tokyo-Museum in Tokyo

Missionare und ausländische Händler mussten das Land verlassen. Das Christentum wurde verboten und japanische Christen mussten, wenn sie am Leben bleiben wollten, ihrem Glauben abschwören. Einziger Zugang zur westlichen Welt blieb der holländische Handelsposten der niederländischen Ostindien-Kompanie auf der kleinen Insel Dejima bei Nagasaki (siehe auch Kapitel „Südjapan: Kyushu und Okinawa").

In dieser Zeit verloren die Provinzfürsten einen großen Teil ihrer Macht. Das Shogunat zwang die Daimyo in Edo Residenzen zu errichten und sie waren verpflichtet, Teile ihrer Zeit dort anwesend zu sein. War der Fürst nicht vor Ort, mussten Familienmitglieder in Edo als Geiseln blieben. Ein totaler Überwachungsstaat mit einem strengen Standessystem entstand, in dem die Samurais an oberster Stelle standen.

Die ehemalige kleine Fischerstadt Edo wuchs beständig. Bereits im 18. Jahrhundert lebten hier über eine Million Menschen. Wer sich für die Zeit interessiert und nicht unbedingt Geschichtsbücher wälzen möchte, dem kann ich die in dieser Periode spielenden Romane von Laura Joh Rowland mit der Romanfigur Sano Ichiro als Ermittler des Shoguns empfehlen.

Keine Angst vor Japan

Alte Samurai-Rüstung in einer Ausstellung

Im Jahr 1853 landete unter dem Kommando von Matthew Perry eine Flotte von amerikanischen Kriegsschiffen. Perry stellte ein Ultimatum zur Aufnahme von diplomatischen und Handelsbeziehungen. Als die Flotte ein Jahr später erneut vor der Küste ankerte, um die Antwort Japans einzufordern, sah sich das Shogunat gezwungen, dem Wunsch nachzukommen und das Ende der Isolationspolitik begann. Grund hierfür war die Feuerkraft der sogenannten „Schwarzen Schiffe", der die Japaner nichts entgegensetzen konnten.

In den folgenden Jahren verlor das Shogunat immer mehr an Macht. Die Ära der Tokugawas endete und mit der Meiji-Restauration im Jahr 1868 wurde der Kaiser wieder das Staatsoberhaupt.

Das Standessystem wurde offiziell abgeschafft und die Samurais verloren Privilegien und Einfluss. Der Sitz des Kaiserhauses wurde von Kyoto nach Edo verlegt, welches in Tokyo (östliche Hauptstadt) umbenannt wurde.

In der Meiji-Zeit (1868-1912) orientierte sich Japan stark am westlichen Ausland. Neu erworbenes Wissen wurde für Handel und Industrialisierung des Landes genutzt. Japan wollte eine Weltmacht werden. Es folgten Kriege mit China 1894 bis 1895 und 1937 bis 1945 sowie mit Russland von 1904 bis 1905. Taiwan wurde ab 1895 und Korea von 1910 bis 1945 zur japanischen Kolonie.

Um seine Stellung in Asien zu festigen, griff Japan 1941 mit dem Luftangriff auf den amerikanischen Stützpunkt Pearl Harbour auch aktiv in den Zweiten Weltkrieg ein. Nach den Atombombenabwürfen der amerikanischen Armee auf die Städte Hiroshima und Nagasaki erklärte der japanische Kaiser Hirohito 1945 die Kapitulation Japans.

Das Land wurde unter amerikanische Verwaltung gestellt. Der amerikanische General Douglas MacArthur ebnete durch Reformen und Machtbeschränkungen des Tennos den Weg zur Demokratisierung des Landes. Nachdem Japan 1952 wieder seine Souveränität erhielt, begann die Entwicklung zu einem modernen Industriestaat.

Das heutige Japan wurde von Folgendem entscheidend beeinflusst: Die Edo-Zeit, die Meiji-Restauration verbunden mit der Öffnung des Landes, die Schatten des 2. Weltkrieges und der Nachkriegszeit verbunden mit der amerikanischen Besetzung.

Samurais des Shoguns bei der Beratung in der Burg Honmaru Goten in Kawagoe

Bushido – Der Weg des Kriegers

Ein weiterer prägender Faktor der japanischen Gesellschaftsnormen ist bis heute Bushido, der Verhaltenskodex der Samurais. Tugenden wie Loyalität, Aufrichtigkeit, Mut, Ehre und der Bereitschaft sein Leben für den Klan einzusetzen, sind Bestandteil dieser stark vom Zen-Buddhismus beeinflussten Ehrenphilosophie.

Das Leben des Samurais diente dem Kriegshandwerk und der Vervollkommnung seiner Fähigkeiten. Versagte ein Samurai, hatte er Seppuku zu begehen, den rituellen Selbstmord, der bei uns auch unter dem Begriff Harakiri bekannt ist. Verlor er seinen Herrn, wurde er zu einem herrenlosen Krieger (Ronin). Ein Samurai hatte die unabwendbare moralische Verpflichtung (Giri), seinem Herrn ehrenvoll bis in den Tod zu dienen.

Religion

In Japan existieren seit Jahrhunderten die zwei Hauptreligionen Shintoismus und Buddhismus friedlich nebeneinander. Der Shintoismus ist so alt wie die japanische Kultur. Der aus Indien stammende Buddhismus kam im 6. Jahrhundert über China nach Japan. Die meisten Japaner fühlen sich beiden Hauptreligionen verbunden und praktizieren ihren Glauben sowohl in buddhistischen Tempeln als auch in Shinto-Schreinen.

Im Shintoismus verehrt der Japaner seine Ahnen und einheimische Götter (Kami), die oft als Tiere, abstrakte Wesen aber auch in menschlicher Form auftreten, sowie die Natur. Der Buddhismus schließt quasi Lücken des Shintoismus bezüglich des Lebens im

Shinto-Priester im Itsukushima-Schrein auf Miyajima

Jenseits und beeinflusst maßgeblich den Totenkult der Japaner. Eine besondere Richtung im Buddhismus ist der Zen-Buddhismus mit Einflüssen auf Kampfsport und auch westliche Managementstrategien.

Die Vertreter beider Glaubensrichtungen mögen mir diese recht oberflächliche Darstellung verzeihen. Sie soll auch zum besseren Verständnis dafür dienen, warum z. B. Shinto-Schreine oft auf demselben Gelände wie buddhistische Tempel zu finden sind.

Das Christentum und andere Glaubensrichtungen spielen nur eine untergeordnete Rolle. Trotzdem werden christliche Bräuche von Japanern gelebt. So werden Hochzeiten nicht nur nach Shinto-Ritualen in traditioneller Kleidung, sondern teilweise auch noch einmal nach christlichen Bräuchen geschlossen. Dies gilt als modern. Obwohl Weihnachten kein japanisches Fest ist, sieht man schon im November reichlich Weihnachtsdekorationen in Kaufhäusern und Straßen.

Fuchsstatue im Fushimi-Inari-Schrein. Der Fuchs gilt als Bote der Göttin Inari

Schrift und Sprache

Ungefähr im 5. Jahrhundert fanden chinesische Schriftzeichen (Kanji) ihren Weg auf die japanischen Inseln, auf denen es bis dahin keine Schrift gab. Da die japanische Sprache stark von der chinesischen Sprechweise abweicht, entwickelten sich in den folgenden Jahrhunderten die zwei Silbenschriften Hiragana und Katakana.

Bei den Kanji-Zeichen, von denen es Tausende gibt, handelt es sich – einfach ausgedrückt – um abstrakte Bilder, die Gegenstände oder Begriffe darstellen. Es gibt sie als einzelne oder auch als zusammengesetzte Zeichen. Hier ein sehr einfaches Beispiel: 木 = Baum, 森 = Wald. Japanische Schüler lernen ca. 2.000 Kanji-Zeichen. Sie werden z. B. als Substantive sowie als Stamm von Verben und Adjektiven benutzt.

Die Silbenschriften Hiragana und Katakana haben je 46 Zeichen und stellen die für die japanische Sprache erforderliche Ergänzung zu den Kanji-Zeichen dar. Hiragana wird für Wortbeugungen bzw. grammatikalische Endungen und Wörter benutzt, die sich mit Kanji nicht darstellen lassen. Katakana wird vorwiegend für die Darstellung von Fremdwörtern, technischen Begriffen und ausländische Namen verwendet.

Weihnachtsbeleuchtung in Shinjuku Anfang November

Japaner nutzen heute diese drei Formen von Schriftzeichen miteinander kombiniert. Es wird rechts beginnend senkrecht von oben nach unten in Spalten mit den Schriftzeichen geschrieben. Bücher liest man quasi von hinten nach vorne. Das gilt auch für die beliebten Mangas.

Zu den verschiedenen Schriften kommen noch verschiedene Höflichkeits- bzw. Sprachformen hinzu (z. B. Männer-, Frauen- und Kindersprache). Wörter bzw. Kanji-Zeichen können auch mehrere Bedeutungen und unterschiedliche Aussprachen haben.

Neben den Kanji, Hiragana und Katakana benutzen Japaner auch Romaji (das lateinische Alphabet), um sich im Ausland verständlich machen zu können.

Bei Preisangaben wird meistens das arabische Ziffernsystem genutzt. Manchmal findet man jedoch auch in Kanji geschriebene Preisauszeichnungen.

Keine Angst, Sie müssen kein Japanisch können, um in das Land zu reisen. Beschilderungen erfolgen meistens zusätzlich in Romaji und Schüler lernen heute auch Englisch. Wir haben beispielsweise schon erlebt, dass Studenten zur Erweiterung ihrer Englischkenntnisse kostenlose Parkführungen anbieten. (Weitere Hinweise zur Sprache finden Sie im Kapitel „In Japan zurechtkommen" unter „Sprachkenntnisse".)

Japaner und Ausländer

Japaner führen ihre Abstammung auf Götter zurück. Sie lieben ihr Land und sind stolz auf ihre Nationalität. Ich glaube, dass sie gerade aus diesem Grund gegenüber westlichen Touristen, die sich für ihr Land interessieren, gerne hilfsbereit sind.

Gegenüber ihren asiatischen Nachbarn haben Japaner teilweise starke Vorbehalte. Man sollte in diesem Zusammenhang auch wissen, dass Japan zu einigen Nachbarländern, wie zum Beispiel China, nicht unbedingt das beste Verhältnis hat. Aber dies beruht aufgrund der Gräueltaten in den japanischen Kriegen der Vergangenheit sicher auch auf Gegenseitigkeit.

Japanische Gärten, Bonsais, Kois und Ikebana

Japanische Gärten

Japanische Gärten sind mit unseren nicht zu vergleichen. Japaner arrangieren die Natur in Parks und Gärten zu Kunstwerken voller Harmonie auf kleinstem Raum. So entstehen Kompositionen aus Steinen, Moosarten, Wasser und Pflanzen, die Schönheit und Ruhe zugleich ausstrahlen. Gärten sind teilweise Miniaturdarstellungen von Landschaften. In einigen findet man auch Teehäuser zum Verweilen. Auch werden Bäume in Parks oft ähnlich wie Bonsais über Jahre zurechtgeschnitten. Interessanterweise werden Bäume, die man bei uns aus Altersgründen fällen würde, in Japan oft über Jahrzehnte mittels Stützen am Leben gehalten. Selbst Großstädte wie Tokyo bieten diverse schöne Gärten und Parks.

Frei zugänglicher japanischer Garten zwischen den Prince Hotels in Shinagawa, Tokyo

Bonsais

Der Ursprung der Bonsaigestaltung lässt sich auf die chinesische Gartenkunst zurückführen. Unter japanischen Bonsais versteht man heute in Schalen gepflanzte Miniaturausgaben von Bäumen. Die Kunst besteht darin, einen Baum durch regelmäßiges Schneiden und Verdrahten klein zu halten. Es geht bei diesen Kunstwerken um die Ästhetik des Anblickes. Sie werden in Japan sicher Exemplare finden, die in keiner Form mit den Angeboten in Ihrem heimischen Baumarkt vergleichbar sind. Aber auch bei uns gibt es Händler, die hochwertige Bonsais anbieten. Als Urlaubsmitbringsel sind die empfindlichen Pflanzen sicher nicht geeignet.

Kois

In den Teichen vieler japanischen Gärten aber auch in den Gräben von Burgen schwimmen Kois und warten darauf, von Ihnen etwas Futter zu erhaschen. Die prächtigen Fische mit ihrer Farbenvielfalt sind eine Zuchtvariante des Karpfens (Koi) und heißen in Japan Nishikigoi. Es gibt verschiedene Zuchtformen, für die von Liebhabern teilweise recht hohe Summen bezahlt werden. Kois oder besser gesagt Nishikigoi, was übersetzt „Brotkarpfen" bedeutet, sind auch in heimischen Gartenteichen beliebt und können bei uns gekauft werden.

Kois im Garten der Price Hotels in Shinagawa, Tokyo

Ikebana

Bei dieser japanischen Form der Kunst des Arrangements von Blumen geht es nicht um das Zusammenstellen eines Blumenstraußes, wie wir es kennen. Im Vordergrund steht beim Ikebana der Gedanke, eine harmonische Anordnung zu schaffen, bei der Blüte, Stängel, Zweige und Blätter sowie das Gefäß des Gesteckes unter Einbeziehung der Jahreszeit gewürdigt werden. Sinngemäß übersetzt bedeutet Ikebana „Blumen zum Leben erwecken". Nicht die Masse der Blumen, sondern die Einzigartigkeit steht im Vordergrund. Es gibt in Japan Schulen, die diese Jahrhunderte alte Kunst lehren.

Sakura und Matsuri

Kirschblüten-Partys

In der Zeit der Kirschblüte (Sakura) befindet sich Japan quasi im Ausnahmezustand. Der Begriff Kirschblüten-Hanami bedeutet „Kirschblüten betrachten oder genießen". Die wirklich beeindruckenden hellrosanen Blüten werden bestaunt und gerne fotografiert. Blaue Plastikplanen als Sitzunterlage bedecken in dieser Zeit große Flächen in den Parks und es wird teilweise unter starkem Alkoholeinfluss ausgelassen gefeiert. Hierbei legen Japaner auch ihr sonst eher zurückhaltendes Verhalten ab. Japaner können teilweise aufgrund eines für den Alkoholabbau fehlenden Enzyms Alkohol nicht gut vertragen, was sie aber nicht vom Genuss abhält. Die Zeit der Kirschblüte ist nach meiner Ansicht ein Erlebnis, an dem man zumindest einmal teilgenommen haben sollte.

Kirschblütenparty im Ueno-Park in Tokyo (oben und unten)

Ohara-Matsuri

Matsuri

Ein Matsuri ist ein traditionelles Volksfest. Diesen Festen liegt meistens ein religiöser oder jahreszeitlicher Bezug zu Grunde. Üblicherweise werden bei einem Festumzug Schreine durch die Straßen getragen. Oft finden in diesem Zusammenhang auch weitere Veranstaltungen, wie zum Beispiel Jahrmärkte oder Musikdarbietungen statt. Ähnlich wie bei den Kirschblütenpartys herrscht auch hier eine lockere Atmosphäre.

Wenn es Ihre Reiseplanung zulässt, sollten Sie unbedingt ein Matsuri besuchen. Dabei ist es nach unseren Erfahrungen völlig gleich, ob Sie eine Veranstaltung im ländlichen Raum oder in der Großstatt besuchen. Es ist nicht immer einfach, Hinweise auf diese Feste zu finden. Einen Einstieg finden Sie im Kapitel „Nützliche Links".

DAS LAND JAPAN

Geishas, Mangas und andere Phänomene

Geishas

Wir Westler denken bei dem Begriff „Geisha" häufig falsch über das Berufsbild dieser Unterhaltungskünstlerinnen. Oft wird der Begriff mit dem der Kurtisane oder Prostituierten gleichgesetzt. Ein kleiner Ausflug in die Vergangenheit zeigt, dass dies nicht richtig ist.

Historisch gesehen gibt es den Beruf der Geisha erst seit dem 18. Jahrhundert. Geisha bedeutet übersetzt „Person der Kunst". Die ersten Geishas waren übrigens keine Frauen, sondern Männer, die in den Teehäusern der Bordellbezirke auf Kurtisanen wartenden Kunden künstlerische Unterhaltung boten. Die Kurtisanen früherer Jahrhunderte waren nur etwas für die reicheren Bevölkerungsschichten. Sie betrieben nicht nur einfach das Geschäft mit dem Sex. Sie waren gut gebildete Unterhaltungsdamen oder bezahlte Geliebte und genossen hohes Ansehen und boten aber auch ihren Körper an. Der einfache Mann hingegen ging zu einer gewöhnlichen Prostituierten.

Da es immer mehr weibliche Geishas gab, kam es in der Folge zu Überschneidungen der Berufsbilder von Geisha und Kurtisane. Erst Mitte des 19. Jahrhunderts entstand durch staatliche Eingriffe das heutige Berufsbild der Geisha: Einer Unterhaltungsdame mit strengen Verhaltensregeln, die in den traditionellen japanischen Künsten ausgebildet ist. Sie unterhält ihre Gäste gegen Bezahlung im Gespräch und mit traditionellen Künsten. Sie spielt japanische Instrumente und ist in Gesang und Tanz ausgebildet. Sexuelle Dienstleistungen fallen nicht in ihr Aufgabengebiet.

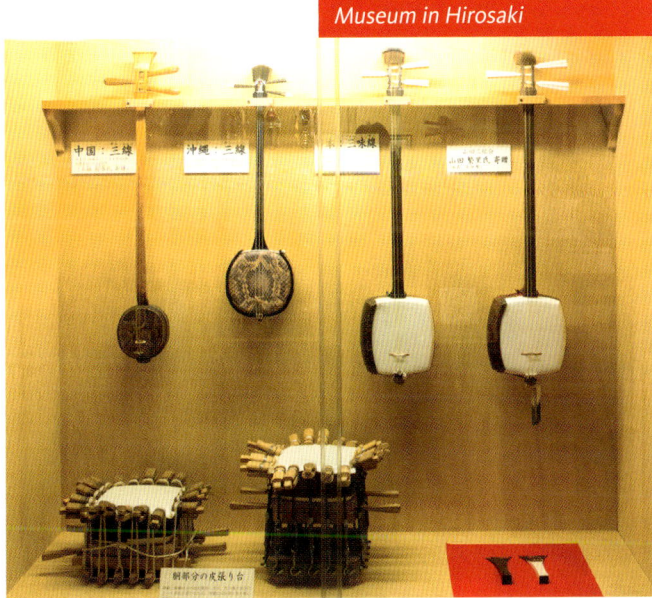

Shamisen, traditionelle Instrumente, im Nebuta-Museum in Hirosaki

Geishas waren Künstlerinnen auf mehreren Instrumenten. Im Teehaus Shima in Kanazawa sind Koto, eine Art Zither, eine Art Laute und eine Art Tamburin zu sehen. Außerdem spielten sie auch Shamisen

Heute gibt es in Japan nur noch wenige traditionell ausgebildete Geishas. Hostessen und die Maido (Kellnerinnen im Dienstmädchenlook, siehe Maid-Cafés) übernehmen immer mehr die Aufgabe, Gäste ohne sexuelle Angebote zu unterhalten und damit zu mehr Umsatz in den Etablissements zu verleiten.

Bei der Betrachtung dieses Themas sollte man auch wissen, dass der Umgang mit käuflicher Liebe in der langen Geschichte Japans nie ein Tabuthema war. Das heutige gesetzliche Verbot der Prostitution in Japan wurde erst im Jahr 1956 ausgesprochen. Trotzdem wird man in den Rotlichtvierteln der Großstädte Hinweise auf entsprechende Angebote finden. Ein Japaner sagte mir mal, dass man für Geld alles bekommen kann. Es wird eben nur anders bezeichnet und findet teilweise im Verborgenen statt.

Manga, Anime, Cosplay und Maid-Cafés

Japanische Comics heißen Manga und sind nicht nur in Japan beliebt. Das gleiche gilt für Anime, die japanischen Zeichentrickfilme. Die Filme decken so gut wie jedes Genre ab, von Horror über Science-Fiction bis hin zu Literaturverfilmung.

Manga und Anime haben schon längst in europäische Jugendzimmer ihren Einzug gehalten. Bewusst geworden ist mir dies, als ich Ende 2014 wieder mal den Versuch gestartet hatte, mich mit der japanischen Sprache zu beschäftigen. Die Teilnehmer dieses Sprachkurses bestanden überwiegend aus Schülern, die dieser Szene angehörten. Überraschenderweise hatten einige dieser Jugendlichen bereits gute Vorkenntnisse in Schrift und Sprache.

Die Wortschöpfung „Cosplay" bezeichnet den von japanischen Jugendlichen gern gezeigten Verkleidungstrend, bei dem Manga- und Anime-Figuren phantasievoll nachempfunden werden. Man trifft in Japan landesweit an den verschiedensten Orten auf derartig gestylte und verkleidete Jugendliche. Auch in Europa hält dieser Trend bei den Fans von Manga und Anime Einzug, aber bisher noch wesentlich dezenter.

Maid-Cafés sind nichts Anrüchiges. Sie sind so etwas wie Themenrestaurants der Cosplay-Szene. Die Kellnerin (Maido) betreut ihre überwiegend männlichen Gäste in einer Art Rollenspiel mit ihrem Kleinmädchenimage sehr zuvorkommend. Man bezahlt für die Zeit, die man mit einer Maido (Dienstmädchen) verbringt. Gegen Aufpreis sind auch Sonderleistungen wie zum Beispiel Fotos mit den Kellnerinnen möglich. Intimer Kontakt ist in den Cafés nicht erlaubt. Insofern handelt es sich nach meiner Auffassung auch bei der Maido genauso wie bei der Hostess um eine neue Art der Geisha.

Aber auch die weibliche Gesellschaft soll nicht zu kurz kommen. Das Gegenstück des Maid-Cafés für Frauen heißt Butler-Café. Coole und gut gestylte junge Männer im Anzug beglücken hier weibliche Kunden.

Eine Maid in Akihabara wirbt für ein Maidcafe (oben)
Jugendliche in Nagasaki posieren bereitwillig für ein Foto (unten)

Pachinko

Glücksspiele sind in Japan bis auf wenige Ausnahmen, wie z. B. Pferderennen, verboten. Daher kann man beim Pachinko auch kein Geld gewinnen. Trotzdem spielen Japaner aus allen Bevölkerungsschichten an diesen Spielautomaten, die man mit einem senkrecht aufgestellten Flipperautomaten vergleichen kann. Die im ganzen Land verbreiteten Spielhallen kann man kaum übersehen oder besser ausgedrückt überhören. Spätestens, wenn sich die Glastüren der Hallen mit den in Reihen aufgestellten Automaten kurz öffnen, sucht eine ohrenbetäubende mit Musik untermalte Geräuschmischung ihren Weg in die Außenwelt.

Gespielt wird mit kleinen Kugeln, die von den Spielern gekauft werden müssen und dann in die Geräte geworfen werden, um ihren Weg durch ein Labyrinth von Nägeln und Klappen zu finden. Wer gewinnt, erhält wieder Kugeln als Gewinn. Am Ende wird der Gewinn eingelöst und der Spieler erhält einen Sachpreis für seine Kugeln. Nach dem Verlassen der Spielhalle geht der Spieler in einen Laden in der Nähe, der ihm dann den Sachpreis in Geld umwandelt. Japaner sind eben erfinderisch.

Blick in eine Pachinkohalle

Japan heute

In Städten wie Tokyo erkennt man, wie modern und technisch auf dem neuesten Stand Japan ist. Man meint, eine starke westliche Orientierung und Offenheit zu erkennen. Aber dieses oberflächliche Bild stimmt nicht unbedingt mit dem Harmoniebedürfnis der japanischen Gesellschaft überein. Man vergisst als Fremder oft, was das Zusammenspiel zwischen Kultur und einem fortschreitenden westlichen Lebensstil für Anforderungen an den traditionell geprägten Japaner stellen kann.

Japanische Kinder sind im Verhältnis zu deutschen Kindern sehr diszipliniert

Noch immer bestimmen in Japan Normen und Werte der Vergangenheit das Leben viel stärker als bei uns. Höflichkeit und Respekt sind wichtige Tugenden und das Bedürfnis nach Harmonie und Einhaltung traditioneller Werte ist groß. Gefühle werden nicht so offen gezeigt. Das Gruppengefühl oder anders ausgedrückt die kollektive Verantwortung spielt eine große Rolle. Japaner sind in der Regel systemkonform und die Gemeinschaft wird über individuelle Bedürfnisse gestellt. Es gilt auch heute noch der Spruch, dass herausragende Nägel eingeschlagen werden müssen. Man fühlt sich wohl, wenn man in der Gruppe nicht auffällt. Alle Schüler einer Schule tragen die gleiche Uniform. Aber der eine oder andere Jugendliche, versucht hier schon dezent ein paar kleine eigene Akzente zu setzen.

Hunde in Japan werden oft mehr gefahren oder getragen als das sie selbst laufen

Auch das Rollenbild zwischen Mann und Frau ist historisch geprägt: Der Mann macht Karriere, die Frau kümmert sich um Heim und Kinder, verfügt über das Einkommen und trifft die wirtschaftlichen Entscheidungen. Frauen haben noch deutlich schlechtere berufliche Aufstiegsmöglichkeiten als Männer. Aber auch in Japan wandelt sich langsam das Bild der Frau im Berufsleben. Arbeits- und Familienleben in Japan unterliegen einer strikten Trennung.

Soweit so gut! Wenn man ein Land in regelmäßigen Abständen bereist, stellt man aber Veränderungen fest. Die nachfolgenden Hinweise geben lediglich persönliche Eindrücke wieder:

So sinkt wie bereits erwähnt die Geburtenrate und die Anzahl der Doppelverdiener nimmt zu. Es wird später geheiratet und es gibt auch mehr Singles. Gerade bei Japans junger Generation ist der Spagat zwischen Tradition und westlicher Lebensform deutlich spürbar.

Betrat man vor einigen Jahren ein Kaufhaus, wurde man lautstark mit einem „Irasshaimase" (was ungefähr bedeutet: „Seien Sie willkommen. Treten Sie herein!") begrüßt. Diese guten Geister hat man heute eingespart. Laute Begrüßung und Verabschiedung finden Sie aber immer noch in Restaurants.

Beim Lachen oder Reden haben Frauen früher fast immer die Hand vor den Mund gehalten. Heute sieht man dieses Verhalten nicht mehr so oft. Insbesondere jüngere Frauen haben diese Angewohnheit häufig abgelegt.

Als ich 1999 mit der U-Bahn gefahren bin, konnte ich über fast alle stehenden Mitfahrer hinwegsehen. Heute geht das nicht mehr, da es viele größere Japaner gibt.

Auch das Angebot an Fastfood ist stark gestiegen und parallel meine ich, dass auch die Zahl der etwas „rundlicher gebauten Menschen" zugenommen hat.

Händchenhaltende Paare – ob alt oder jung – sind mir früher nicht aufgefallen. Heute zeigen auch japanische Paare in der Öffentlichkeit manchmal einen diskreten zärtlichen Umgang miteinander. Also nicht alles, was aus dem Westen kommt, ist schlecht. Auch die seit der Katastrophe von Fukushima regelmäßig stattfindenden Antiatomkraftproteste wären vor 20 Jahren vermutlich undenkbar gewesen.

Japanische Besonderheiten, die auffallen

- Bei Fahrten mit Bus und Bahnen kann man beobachten, dass insbesondere Lokführer während der Fahrt laufend Gesten machen, in denen sie nach vorne, zur Seite oder auf Signale zeigen. Ganz erschlossen hat sich uns dies nicht. Auch beim weiteren Recherchieren fand ich keine eingängige Erklärung. Vermutlich handelt es sich hier um vorgeschriebene Rituale, die die Konzentration aufrechterhalten sollen und vielleicht liegt ja gerade in diesen Gesten die Grundlage für die Sicherheit des japanischen Zugverkehrs.
- Beim Kirschblütenfest ziehen Punks wie alle anderen vor dem Betreten der üblichen blauen Plastikplane die Schuhe aus, als ob sie ihr Zuhause betreten. Gleiches kann man auch bei Obdachlosen beobachten, wenn sie ihre provisorischen Schlafstätten aufsuchen. Leider nimmt die Zahl dieser aus der Gesellschaft herausgerissenen Menschen zu.
- Jugendliche treffen sich am Sonntag in der Umgebung des Bahnhofes Harajuku in den verrücktesten Klamotten. Teilweise schminkt man sich im angrenzenden Yoyogi-Park noch, um wirklich gut auszusehen. Mädchen neigen hier oft zu phantasievollem Outfit. Diesem Phänomen, dass der Cosplay-Szene zuzuordnen ist, begegnet man aber inzwischen im ganzen Land und nicht nur am Sonntag.
- Wundert man sich in Japan über die Art, wie sich Jugendliche und junge Japanerinnen kleiden, stellt man mit etwas zeitlichem Abstand erstaunt fest, dass diese modischen Wellen aus Asien auch Europa erreichen.
- Kleine Hunde werden in Kinderkarren ähnlichen Gebilden herumgefahren oder in Tragetüchern getragen. Oft handelte es sich auch um jüngere Paare, die mit ihren Hunden, wie mit kleinen Kindern umgehen.

Jugendliche auf der Brücke vor dem Bahnhof in Harajuku, Tokyo

Kapitel 2
So verhalten Sie sich in Japan richtig

Eingangstor zum Kiyomizu-dera-Tempel in Kyoto

So verhalten Sie sich in Japan richtig

Keine Angst – ist gar nicht so schwer

Japan ist trotz seiner auf den ersten Blick für uns fremden Kultur gar nicht so kompliziert. Da Sie sicher eine gute Kinderstube mitbringen, sollte Ihr normales Verhalten schon weitgehend ausreichen. Als Ausländer (Gaijin), der nicht mit der japanischen Kultur vertraut ist, haben Sie von vornherein einen Bonus. Bevor man den verspielt hat, muss schon einiges passieren. Aber mit dem richtigen Verhalten werden sich Ihnen Türen leichter öffnen. Halten Sie die Augen offen und sehen Sie, wie die Japaner es machen, dann haben Sie schon gewonnen.

Vor dem Hintergrund der Arbeit an diesem Buch habe ich auf unseren letzten zwei Reisen nochmals besonders darauf geachtet, wie Japaner sich verhalten und entsprechende Hinweise einfließen lassen. Beim Schreiben dieser Zeilen fiel mir eine Begebenheit ein, bei der ich einmal wirklich bei einer älteren Japanerin angeeckt bin, als ich im Flugzeug meine Rückenlehne nur leicht zurückgestellt hatte. Sie war der Meinung, man hätte sie vorher Fragen müssen. Obwohl ich dies bisher auch bei Japanern nicht beobachtet hatte, habe ich danach im Zug und im Flugzeug hinter mir sitzenden Japanern immer einen Hinweis gegeben. Dies wurde auch immer sehr freundlich aufgenommen.

Laterne am Asakusa-Kanon-Tempel

Nachfolgend habe ich ohne Anspruch auf Vollständigkeit einige der aus meiner Sicht wichtigen Regeln für Sie als Tourist zusammengestellt. Für den Fall, dass Sie beruflich in Japan sind, gibt es noch weitere Dinge zu beachten, auf die ich hier nicht eingehe. Im Internet finden Sie zum diesem Thema viele wertvolle Hinweise. Sie sollten sich vor einem beruflichen Aufenthalt unbedingt gründlich informieren, da Sie sonst schnell Ansehen und Gesicht verlieren können.

So verhalten Sie sich in Japan richtig

Wenn Sie die folgenden Hinweise lesen, sollten Sie versuchen, sich die Grundzüge der Regeln zu verinnerlichen. Wichtig ist es, die Linie zu erkennen, die man nicht überschreiten sollte.

Begrüßung

Traditionell verbeugt man sich voreinander. Dabei gilt grundsätzlich, dass die Person mit dem niedrigeren Rang oder Status sich tiefer als ihr Gegenüber verneigt. Auch vor älteren Menschen sollte man den entsprechenden Respekt haben. Dies ist ein Eckpfeiler der japanischen Kultur. Sie werden aber auch auf Japaner treffen, die Ihnen auf westliche Art die Hand schütteln. Für Sie als Ausländer ist es in Ordnung, wenn Sie die Hand zur Begrüßung reichen. Allerdings wird sich Ihr Gegenüber freuen, wenn Sie sich verbeugen. Wählen Sie einfach eine mittlere Verbeugung ohne Ihrem Gegenüber direkt in die Augen zu sehen und Sie machen nichts falsch.

Man verbeugt sich aber auch bei anderen Gelegenheiten, zum Beispiel, wenn man sich entschuldigt oder bedankt.

Touristenboote werden auf den Kanälen in Yanagawa zum Startpunkt zurückgebracht

Anrede

Die bei uns üblichen Anredeformen, wie zum Beispiel „Herr" oder „Frau", gibt es im Japanischen nicht. Üblicherweise hängt man beim Ansprechen einer Person an den Nachnamen geschlechtsneutral ein „san" an. Wenn man jemanden gut kennt, kann man das „san" auch an den Vornamen anfügen. Noch höflicher ist in bestimmten Fällen die Ehrerbietung „sama". Für Sie reicht „san" aber im Umgang mit Japanern aus, die Sie namentlich kennen. Es gibt noch einige weitere Suffixe, die Sie aber kaum hören werden und auch nicht kennen müssen. Ein Beispiel hierfür ist die Verniedlichungsform „chan" statt „san" bei kleineren Kindern. Aber auch Paare oder langjährige Freunde benutzen diese Anredeform. Zumindest bei Kampfsportlern ist auch bei uns der Zusatz „sensei" gebräuchlich. Er wird für Lehrer, Ärzte oder andere Personen mit besonderer Autorität benutzt.

Wenn Sie über sich selbst oder Ihre Familie sprechen, entfallen derartige Höflichkeitsbezeichnungen bei Namensnennungen.

Visitenkarten

Ohne Visitenkarten läuft im japanischen Geschäftsleben gar nichts. Aber auch als Tourist kann es passieren, dass man Ihnen eine überreicht. Diese sind oft auf der einen Seite mit japanischen Schriftzeichen und auf der Rückseite mit englischem Text versehen. Ihr Gegenüber wird dann sicher auch gerne eine Karte von Ihnen entgegennehmen.

Visitenkarten werden immer mit beiden Händen überreicht und bitte auch genauso von Ihnen entgegengenommen. Stecken Sie die erhaltene Karte nicht einfach ein und auf keinen Fall in die Hosentasche. Dies wäre extrem unhöflich. Betrachten Sie sie einen Moment aufmerksam und lassen sie ggf. noch eine Weile auf den Tisch liegen. Danach stecken Sie die Karte respektvoll ein, ohne vorher darauf Notizen zu machen.

Bekleidung

Japaner achten im Allgemeinen auf ihr Äußeres. Das soll nicht heißen, dass Sie mit Anzug und Krawatte durch die Gegend laufen müssen. Nach unserer Erfahrung reicht normale Freizeitkleidung immer aus. Hatte ich eingangs erwähnt, dass sich Japan in den letzten Jahren verändert hat, trifft es auch auf das Thema Bekleidung zu. Ziehen Sie sich so an, wie Sie sich wohlfühlen.

Aufgrund der Enge, insbesondere in den Nahverkehrszügen, sollten Sie sich nicht in übermäßig starke Parfümwolken hüllen. Die Japaner leben eher in einer geruchsarmen Umgebung.

Sollten Sie zu einer förmlichen Veranstaltung eingeladen werden, ist allerdings beim Mann dann doch Anzug oder Jackett und ggf. Krawatte angebracht. Die Frauen haben es hier einfacher.

Pünktlichkeit

> **Verspätung**
> Wenn Sie merken, dass Sie es nicht schaffen rechtzeitig da zu sein, sollten Sie die Verspätung möglichst telefonisch avisieren.

Japaner sind äußerst pünktlich. Es schadet nichts, wenn man bereits 5 Minuten vor einer Verabredung am Treffpunkt ist. Falls Sie doch mal zu spät erscheinen, bitte keine langen Ausreden. Entschuldigen Sie sich nur kurz mit Bedauern für die Verspätung.

Blick über die Bucht von Hakodate auf das Lagerhausviertel

Nein sagen

Japaner sagen Ihre Meinung nicht so direkt wie wir. Sie sprechen negative Dinge nicht gerne aus. Obwohl es im japanischen ein Wort für „Nein" („Iie") gibt, verwenden es die Japaner äußerst ungern. Die Antworten werden umschrieben oder Ihr Gegenüber zieht die Luft durch die Zähne, hält den Kopf ggf. schief und legt sich mit einer hilflosen Geste eine Hand in den Nacken. Gestalten Sie Gespräche so, dass Sie einen Japaner nicht zu einem direkten „Nein" zwingen. Er würde sonst unter Umständen einen Gesichtsverlust erleiden. Japanern fällt es aus Höflichkeit schwer Wünsche abzulehnen. Sie sollten es natürlich bei Bitten eines Japaners genauso halten. Skizzieren Sie die Unmöglichkeit des Wunsches vorsichtig.

Ein gutes Beispiel für den Nichtgebrauch des Wortes „Nein" erzählte uns eine Freundin, die während eines Japanaufenthaltes in einem Reisebüro mitbekam, wie ein amerikanischer Tourist von Tokyo nach Kyoto fliegen wollte. Anstatt zu sagen, dass es in Kyoto keinen Flughafen gibt, wurde in mehreren Anläufen erklärt, wie vorteilhaft doch eine Fahrt mit dem Shinkansen ist.

Ja sagen

In Gesprächen mit Japanern gilt ein „Ja" („hai" oder „e") oft nur als ein Signal dafür, dass Ihr Gegenüber zuhört und Sie versteht. Fassen Sie daher ein „Ja" nicht unbedingt als Zustimmung auf. Sie sollten in Unterhaltungen mit Japanern nach einigen Sätzen ebenso verfahren, damit Ihr Gegenüber oder Telefonpartner davon ausgehen kann, dass Sie dem Gespräch auch folgen.

Komplimente

Selbst, wenn Sie nur wenige Wörter Japanisch sprechen, wird man Sie vermutlich für Ihre Sprachkenntnisse loben. Japaner machen gerne Komplimente. Selbstverständlich weisen Sie dieses Lob bescheiden zurück. Zur Unterstützung hilft auch ein verlegenes Abwinken mit der Hand vorm Gesicht.

Wer gerne Komplimente macht, hört auch gerne welche. Seien Sie, wenn sich die Gelegenheit ergibt, nicht sparsam mit reichlich Lob. Gutes Essen, die Schönheit des Landes und vieles mehr geben hierzu sicher Anlass.

Lächeln und Gesten

> **Weitere Hilfe**
> Gesten lassen sich schwer mit Worten beschreiben. Geben Sie auf YouTube doch einfach mal Begriffe wie „japanische Gesten" oder „japanische Körpersprache" ein. Dann finden Sie ein paar Filme, die Ihnen schnell zeigen, was in Japan anders ist.

Auch Mimik und Gestik sind teilweise anders, als in unserem Kulturkreis. Hier einige Beispiele:

So kann Lächeln durchaus unterschiedliche Bedeutungen haben. Freude, Höflichkeit und Verlegenheit, die Wahrung des Gesichtes oder die Besänftigung des Gegenübers sind für einen Japaner gute Gründe hierfür. Machen Sie es den Japanern nach. Mit einem freundlichen Gesicht geht auch bei uns einiges besser.

Hält ein Japaner die Hand vor- und zurückschwenkend vor dem Körper, wobei die Finger nach unten zeigen, bedeutet dies nicht, dass man weggehen soll. Ganz im Gegenteil: Sie sollen hinkommen.

Es ist absolut verpönt, mit den Füßen auf andere Leute zu zeigen.

Spricht ein Japaner von sich selbst, zeigt er nicht wie wir auf den Oberkörper, sondern auf die Nase.

Halten Sie einem Japaner die Tür auf oder verhindern die Abfahrt eines Fahrstuhls, wenn Sie jemanden heraneilen sehen, wird er Ihnen das mittels einer leichten Verbeugung danken.

Naseputzen

Andere Länder, andere Sitten. Das „Schnäuzen" in ein Taschentuch gilt in Japan als Tabu. Das bei uns verpönte „Hochziehen" ist dafür völlig in Ordnung. Bieten Sie daher bitte keinem Japaner nach dem Hochziehen ein Tuch an. Dies wäre mehr als peinlich.

Da Sie sich hier vermutlich nicht gänzlich umstellen wollen, rate ich Ihnen das Taschentuch nur möglichst unauffällig zu benutzen. Es gibt vereinzelt auch Japaner, die sich mal leise die Nase putzen. Aber wie gesagt, dies ist nicht die normale Art des Benehmens in Japan.

Rauchen

Leider habe ich mich als Nichtraucher auf unseren Reisen nicht besonders mit der Thematik des Rauchens auseinandergesetzt. In der Öffentlichkeit habe ich bisher nur relativ wenige Raucher wahrgenommen.

Zumindest in Tokyo sind mir Raucherzonen mit übergroßen Aschenbechern aufgefallen. Auch auf einigen Bahnsteigen findet man entsprechend gekennzeichnete Bereiche. Rauchen im Laufen wird nicht gerne gesehen bzw. ist verboten. Ich habe Hinweise darauf gefunden, dass in Tokyo außerhalb der gekennzeichneten Zonen Zuwiderhandlungen mit Bußgeldern geahndet werden. Klare Regelungen, die landesweit gültig sind, habe ich trotz intensiver Recherchen bisher aber nicht erkennen können.

Nach meinem Kenntnisstand sind auch in Japan Bestimmungen für das Rauchen in Lokalen und Cafés geplant. Aktuell kann ich sagen, dass in vielen Restaurants nicht geraucht wird, es aber auch Ausnahmen gibt. Raucherbereiche sind jedoch nicht so klar wie bei uns abgegrenzt. Manchmal ist es nur eine andere Ecke des Gastraumes.

Wenn sie erkältet sind, tragen Japaner oft eine Gesichtsmaske, um andere nicht anzustecken

In Tempeln, Schreinen und Burgen

In Tempeln und Schreinen herrscht im Gegensatz zu unseren Kirchen oft eine lockere Atmosphäre. Machen Sie trotzdem keinen Lärm und genießen Sie einfach den Aufenthalt. Achten Sie bitte auf Hinweisschilder zum Fotografieren. Erlaubt? Mit oder ohne Blitzlicht?

Oft müssen bei Besichtigungen die Schuhe ausgezogen werden. Dies gilt insbesondere für historische Gebäude jeglicher Art. Im Eingangsbereich liegen dafür Plastiktüten zum Mitnehmen oder es stehen Regale zum Abstellen bereit.

Eine Bitte
Werfen Sie keine Zigarettenkippen oder anderen Müll auf die Straße. Japan ist ein überaus sauberes Land. Viele Japaner benutzen auch kleine Aschenbecher zum Mitnehmen.

Schuhe

Nicht nur in Tempeln und anderen alten Gebäuden besteht die Notwendigkeit die Schuhe auszuziehen. Auch Sie werden dies vermutlich das eine oder andere Mal nicht vermeiden können.

Beim Betreten einer Privatwohnung ist es auch in unseren Gefilden nicht unüblich, die Straßenschuhe auszuziehen. Insofern ist das Verhalten der Japaner im privaten Bereich gar nicht so ungewöhnlich. Sie haben die Angelegenheit eben nur noch perfektioniert. Am Wohnungseingang findet man meistens ein entsprechendes Regal. Für den Besucher stehen in der Regel dann Pantoffel bereit.

Aber auch beim Besuch traditioneller Restaurants oder eines Ryokan (japanische Unterkunftsart – siehe Kapitel „In Japan zurechtkommen") werden Sie vermutlich Ihre Schuhe ausziehen müssen. Aber das merken Sie beim Betreten bzw. man wird Sie darauf hinweisen.

Mit Tatami ausgelegte Zimmer betritt man immer nur auf Strümpfen bzw. barfuß. Tatami-Matten sind ein traditioneller japanischer Bodenbelag aus Reisstroh. Der Begriff wird auch als Flächenmaß für Raumgrößen benutzt.

Tatami-Raum in einem alten Samurai-Haus in Kakunodate

Toilettenbesuch

Höchste Alarmstufe sollte beim Besuch der Toilette in privaten Räumen gelten. Diese darf auf keinen Fall mit den ggf. beim Betreten der Wohnung angezogenen Pantoffeln betreten werden. Hier stehen extra WC-Schlappen bereit. Nun, daran gewöhnt man sich schnell.

Das Problem fängt erst an, wenn man die Toilette wieder verlässt. Insbesondere nach dem Genuss von etwas Alkohol passiert es schnell, dass man seinem Gastgeber mit den Toilettenpantoffeln gegenübertritt. Hiermit strapazieren Sie die Geduld eines Japaners dann wirklich über Gebühr. WC-Schlappen sind halt für das WC und nicht für die gute Stube.

Auch in traditionellen Restaurants mit Tatamiräumen werden Sie unter Umständen vor der Toilette Schlappen vorfinden. Hier gelten dann die gleichen Verhaltensregeln.

WC-Schlappen vor einer japanischen Toilette

Baderegeln im öffentlichen und privaten Bad

Es geht natürlich nicht darum, was Sie alleine in Ihrer Hotelbadewanne machen. Aber beim Baden im öffentlichen Bad „Sento" oder einer heißen Quelle „Onsen" sowie einer traditionellen japanischen Unterkunft „Ryokan" bzw. im Rahmen einer privaten Einladung gibt einiges zu beachten, um nicht ausgiebig ins Fettnäpfchen zu treten.

In Japan dient das Bad der Entspannung. Gereinigt wird sich vor dem Bad. Dabei wird sich nicht mal eben kurz geduscht. Nein, der Körper wird auf einem kleinen Hocker sitzend gründlich mit Seife abgeschrubbt und dann werden genauso sorgfältig alle Seifenreste abgespült. Folgen Sie einfach dem Beispiel der anwesenden Japaner, denn auch Ihnen als Ausländer wird man Shampoo im Badewasser nur schwer verzeihen.

Im Ryokan mit Gemeinschaftsbadewanne und bei einer Einladung im privaten Bereich gelten die gleichen Regeln. Also nicht die gründliche Reinigung vor dem Bad vergessen! Gerade als Gast wird man Ihnen beim Bad gerne den Vortritt lassen. Ihre Gastgeber wollen dann unter Umständen aber nach Ihnen in das gleiche warme und hoffentlich noch saubere Wasser steigen.

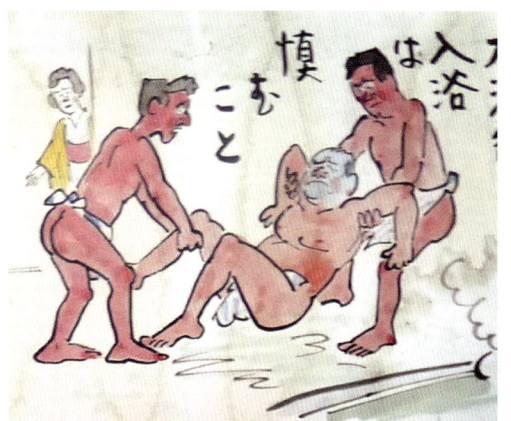

Aufforderung zur Hilfe bei Überhitzung von anderen Gästen

Baderegeln im Takaragawa Onsen

In Onsen und Sentos herrscht überwiegend eine strikte Trennung der Geschlechter. Onsen, in denen sich Männlein und Weiblein gemeinsam erholen können, sind die Ausnahme. Eine derartige Geschlechtertrennung soll es im alten Japan nicht gegeben haben, sondern ist wohl erst im Zusammenhang mit der Öffnung Japans bzw. mit der amerikanischen Besetzung entstanden.

Auf unserer Reise im Frühjahr 2015 haben wir zweimal in unterschiedlichen Landesteilen Onsen besucht, in denen gemischtes Baden erlaubt war. Im Gegensatz zu Schwimmbädern und am Strand ist in den heißen Quellen keine Badebekleidung üblich. Allerdings bedecken Frauen beim gemeinsamen Bad ihre Blößen mit einem Handtuch. In einem der Onsen war jeweils in der Mitte der Becken eine durch Schilder gekennzeichnete imaginäre Trennungslinie für die Geschlechter vorhanden. In dem anderen durften wir wirklich gemeinsam entspannen. Anzumerken ist noch, dass der Männeranteil in beiden gemischten Bädern überproportional hoch war. Falls es Ihnen als Frau zu voll ist, ist das kein Problem, denn einen männerfreien Extrabereich gibt es eigentlich immer.

Eine Besonderheit sollten Sie kennen, bevor Sie den Besuch eines Onsen anstreben. Es gibt welche, die Besuchern mit Tätowierungen den Zugang verwehren. Meistens stehen bereits am Eingang entsprechende Hinweisschilder. Tätowierungen werden in Japan gerne mit der Zugehörigkeit zur Yakuza gleichgesetzt, obwohl dieser Vergleich vor allem bei kleinen Tattoos völlig überzogen ist. Die Mitglieder dieser japanischen Mafiabanden sind oft über den ganzen Körper hinweg mit Tätowierungen verschönt.

Da auch junge Japaner beginnen, ihren Körper modisch zu verzieren, trifft dieses in einigen Onsen streng gehandhabte Verbot nicht nur Touristen. Zwar geht die japanische Fremdenverkehrszentrale JNTO wohl davon aus, dass ein Tattoo bei Westlern eher toleriert wird als bei Einheimischen, aber darauf verlassen können Sie sich nicht. Unter Umständen hilft es, sich ein Pflaster auf das Tattoo zu kleben.

Stäbchen und andere Besonderheiten beim Essen

Nachdem Sie ein Restaurant betreten und Platz genommen haben, erhalten Sie in der Regel zuerst ein feuchtes und meistens auch warmes Tuch. Dies ist hauptsächlich zur Reinigung der Hände gedacht. Manchmal wird es auch zum Abwischen des Gesichtes benutzt, wobei Frauen hier eher zurückhaltend sind.

So isst man mit Stäbchen richtig: Das untere wird fest fixiert und das obere wird mit Daumen und Zeigefinger bewegt

Wenn Sie keine Erfahrungen haben, mit den in Japan üblichen Stäbchen zu essen, sollten Sie zu Hause üben. Wir haben vor unserer ersten Reise eine gewisse Zeit ausnahmslos auf Messer und Gabel verzichtet und sind dabei nicht verhungert. Aber vermutlich haben Sie ja bereits Erfahrungen aus dem Besuch der auch bei uns inzwischen verbreiteten Sushi-Restaurants.

Wir haben zwar schon gesehen, dass sich Ausländer westliche Esswerkzeuge geben ließen, aber Messer und Gabel sind vermutlich nicht immer verfügbar. Wer nach Japan reist, sollte bereit sein, sich auf die Gewohnheiten und auch die Speisen des Landes einzulassen.

Kritisch wird aus es meiner Sicht aber immer dann, wenn man sich mit seiner eigenen Ungeschicklichkeit auch noch in Szene setzt. Wir hatten auf einer Reise ein derartiges Erlebnis: Ein westliches Ehepaar hatte im Umgang mit den Stäbchen Probleme und stellte dies den restlichen Gästen (überwiegend Japaner) lautstark zur Schau. Einfach nur peinlich!

Regeln, die Sie beachten sollten

- Wenn Sie einem Mitesser ein besonders leckeres Sushi-Stück reichen wollen, benutzten Sie bitte nicht die Seite der Stäbchen, die Sie schon im Mund hatten. Nehmen Sie das andere Ende. Beim Essen aus einem gemeinsamen Topf sollten Sie genauso verfahren, wenn es keine andere Auffüllhilfe gibt. Allerdings vernachlässigen auch Japaner manchmal diese Regel.
- Stäbchen sind keine Hilfsmittel um Teller heranzuziehen.
- Spießen Sie mit Ihren Stäbchen keine Stücke auf.
- Benutzen Sie zum Ablegen Ihrer Stäbchen die üblicherweise vorhandene kleine Ablage. Stecken Sie die Stäbchen auf keinen Fall senkrecht in die Reisschale. Das macht man nur im Rahmen von Beerdigungsritualen, wenn man dem Toten quasi die letzte Mahlzeit reicht.

Japanische Ramen-Suppe

- Geben Sie kein Essen von Stäbchen zu Stäbchen weiter. Auch diese Handlung erinnert Ihr Gegenüber an ein japanisches Einäscherungsritual.
- Anders als bei uns ist geräuschvolles Essen keine Unsitte. Auch das Sprechen mit vollem Mund ist üblich. Das Dicke in der Suppe wird mit den Stäbchen herausgefischt. Die Flüssigkeit wird getrunken. Übrigens die Japanischen Nudelsuppen „Ramen", „Soba" und „Udon" werden, insbesondere von Männern, geräuschvoll geschlürft. Wenn Sie also künftig in einem deutschen Sushi-Restaurant jemanden sehen, der so agiert, ist alles richtig. Zumindest für einen Japaner.
- Sie können manchmal auch beobachten, dass Japaner einfach ein Sushi-Stück mit den Fingern in die Soja-Soße eintauchen. Also keine Angst, auch wenn Sie das Essen mit Stäbchen nicht gewohnt sind, werden Sie in Japan nicht verhungern.

So verhalten Sie sich in Japan richtig

Marktstand auf dem Karatsu-Kunchi -Matsuri

Essen in der Öffentlichkeit

Es ist nicht üblich, in der Öffentlichkeit zu essen. Dies gilt nicht nur auf der Straße, sondern auch in Zügen. Hier gibt es aber eine Ausnahme: Im Shinkansen und anderen Fernzügen darf gegessen werden.

Auch wir essen mal etwas unterwegs quasi am Straßenrand. Respektieren Sie die Sitten des Landes und ziehen Sie sich bei derartigen Aktionen einfach etwas aus dem Blick der Öffentlichkeit zurück. Bei Veranstaltungen und Volksfesten wird genauso, wie bei uns, gerne am Stand gegessen. Einige Stände und Geschäfte halten Sitzgelegenheiten bereit.

Trinken und Feiern

Sie werden oft sehen, dass Gruppen von Arbeitskollegen nach Feierabend gemeinsam in ein Lokal gehen. Üblicherweise dauern diese zwanglosen Zusammenkünfte zwei Stunden und dann geht es nach Hause. Wir hatten einmal das Glück in einem kleinen Lokal von einer Lehrer-Gruppe angesprochen zu werden. Trotz sprachlicher Probleme waren es zwei wirklich lockere und tolle Stunden.

Keine Angst vor Japan

> **Nicht laut werden**
> Sie sollten, selbst wenn Sie ungehalten sind, nicht laut werden. Dies wäre für Ihr Gegenüber peinlich und nicht nur Sie würden Ihr Gesicht verlieren.

Obwohl viele Japaner Alkohol nicht oder nicht so gut vertragen, spielt dies bei Zusammenkünften jeglicher Art keine Rolle. Manchmal überschätzen Japaner Ihre Fähigkeiten im Umgang mit Alkohol. Ausfallend ist hierbei nie einer geworden. In einem Fall schlief ein neben uns an einer Bar sitzender unbekannter Japaner nach dem gegenseitigen Ausgeben einiger Getränke einfach ein. Hinweise zu in Japan üblichen Getränken finden Sie im Kapitel „In Japan zurechtkommen" im Abschnitt „Getränke".

Wenn Sie sich in Gesellschaft befinden oder eingeladen sind, ist es nicht üblich, dass Sie sich Ihre Getränke selbst ein- oder nachschenken. In der Regel macht dies Ihr Gegenüber. Halten Sie beim Eingießen Ihr Glas mit beiden Händen dem Einschenkenden entgegen. Falls Sie nicht so viel trinken wollen, sollten Sie Ihr Glas nicht so schnell leeren. Ansonsten kann es vorkommen, dass es sehr schnell wieder voll ist. Wenn Sie sich doch etwas einschenken wollen, schenken Sie immer Ihrem Gegenüber zuerst ein.

Auch beim Genuss von zu viel Alkohol werden Japaner selten laut. Allerdings wird die Unterhaltung dann doch oft erheblich lockerer und direkter. Höflichkeits- und Hierarchie-Ebenen weichen schon mal auf und wenn mal etwas danebengeht, wird am nächsten Tag nicht darüber geredet.

Regenwetter beim Karatsu-Kunchi -Matsuri hält nicht vom Feiern ab

Regenschirm

Wenn erforderlich, können Sie überall für wenige Yen einen Schirm erwerben. Auch bei Regen gibt es wieder Regeln zu beachten. An den Eingängen der Kaufhäuser liegen zum Beispiel Plastikhüllen bereit, die Sie über den nassen Regenschirm ziehen. So bleibt der Boden im Geschäft trocken. Sie werden auch abschließbare Ständer vor dem Hotel oder anderen Gebäuden finden, in denen die Schirme üblicherweise abgestellt werden.

Einkaufen und Bezahlen

Feilschen ist in Japan absolut unüblich. Der angegebene Preis wird bezahlt. Nur für den Besuch von Flohmärkten gilt diese Aussage nicht unbedingt.

Einkäufe können teuer werden. Nein, ich will Sie hier nicht vor japanischen Produkten warnen. Passen Sie aber unbedingt darauf auf, dass Ihr Gepäck nicht zu schwer wird. Nach einer einmaligen Erfahrung mit der Nachzahlung am Narita-Airport sind wir hier vorsichtig geworden. Bei den anfallenden Gebühren werden als Schnäppchen gekaufte Mitbringsel schnell zu Liebhaberobjekten. Als wir mal wieder zu viel eingekauft hatten, haben wir dann einen Teil der dreckigen Wäsche per Post nach Hause geschickt. Das war erheblich preiswerter als die Bezahlung des Übergepäcks und auch die Zollabwicklung der Wäschesendung war problemlos.

Beachten Sie bitte die Hinweise zur Geldversorgung und Kreditkartennutzung im Kapitel „In Japan zurechtkommen".

> **Trinkgeld geben?**
> Japan ist ein äußerst serviceorientiertes Land. Das Geben von Trinkgeld ist völlig unüblich. Bitte bringen Sie also eine Servicekraft oder einen Kellner nicht durch das Trinkgeldgeben in Verlegenheit.

Einladungen ins Restaurant

Sollten Sie in ein Restaurant eingeladen werden, werden Sie erleben, dass der Gastgeber für Sie aussucht, bestellt und bezahlt. Auf diese Weise haben wir viele Köstlichkeiten der japanischen Küche kennengelernt, die wir sonst vermutlich nicht bestellt hätten. Selbstverständlich ist es wichtig, eine Gegeneinladung anzusprechen. Aus unserer Sicht sollte man dann versuchen, den Japaner mit westlicher Küche zu beglücken, anstatt einfach nur zum Sushi einzuladen.

Wir treffen uns regelmäßig bei unseren Besuchen mit einem befreundeten japanischen Ehepaar. Wir versuchen schon im Vorfeld für unsere Einladung ein Lokal im Großraum Tokyo mit deutscher Küche zu finden. Dies ist trotz Internet nicht immer einfach. Hinzu kommt, dass die Qualität der Speisen nur schwer abzuschätzen ist. Bisher ist es aber immer gut angekommen.

Der Autor freut sich über eine Einladung von Freunden in ein traditionelles Restaurant

Private Einladungen

Die Einladung einer japanischen Familie zu sich nach Hause ist sicher eine der höchsten Auszeichnungen, die Ihnen zu Teil werden können. Beachten Sie bitte unbedingt die bereits erwähnten Hinweise zu den Themen Schuhe, Toilette und Baden. Wobei Letzteres vermutlich eher selten vorkommt.

Loben Sie alles, was Sie gut finden. Die Japaner wird es freuen, auch wenn sie bescheiden oder verlegen abwinken.

Nach dem Treffen bedanken Sie sich ausgiebig für die Ehre der privaten oder der Einladung zum Essen. Es macht sich auch gut, nachträglich noch mal eine Mail zu schicken.

Ein weiterer wichtiger Punkt bei einer privaten Einladung ist das Thema Gastgeschenke.

Geschenke

Geschenke erhalten nicht nur in Japan die Freundschaft. Aber die Japaner haben auch dieses Thema auf ihre Art perfektioniert. Selbstverständlich sind auch hier Regeln zu beachten.

Zu den unterschiedlichsten Anlässen sind Geschenke üblich. Die Geste ist hier oft wichtiger als der Wert. Japaner lieben es, alles aufwendig und kunstvoll zu verpacken. Machen Sie es genauso. Vermeiden Sie aber bitte weißes oder schwarzes Papier. Sicher haben Sie schon geahnt, dass man Geschenke mit beiden Händen übergibt.

Schön verpacktes Obst als Geschenk ist ein beliebtes Mitbringsel

Eine besondere Rolle spielen Gastgeschenke bei einer privaten Einladung. Ist das Mitgebrachte zu wertig, bringt man den Beschenkten in Verlegenheit. Ist es zu billig, würdigt man den Anlass nicht angemessen. Wundern Sie sich nicht, wenn der Gastgeber plötzlich auch eine Kleinigkeit für Sie hat. Übrigens: Ein erhaltenes Präsent bedingt spätestens

So verhalten Sie sich in Japan richtig

beim nächsten Treffen ein Gegengeschenk, das nicht wertiger als das erste sein sollte.

Was sollten Sie Ihrem Gastgeber schenken? Eigentlich sind Ihrer Phantasie hier keine Grenzen gesetzt. Besonders erfreute Gesichter werden Sie sehen, wenn Sie etwas aus der Heimat mitbringen. Essen und Getränke kommen hier sicher in Frage; auch ein bekannter Markenname kommt immer gut an.

Wenn Sie zuhause noch nichts vom dem Glück einer Einladung wissen, entlasten Sie zwar Ihr Fluggepäck, haben dann aber in Japan die Qual der Wahl. Wie gesagt, Essen und alkoholische Getränke passen immer. Ein Gang durch die Lebensmittelabteilung eines großen Kaufhauses (sollte man sowieso machen) wird Ihnen zeigen, wie wertvoll schon eine Melone in Japan sein kann.

Geschenke werden in den meisten Fällen nicht sofort ausgepackt. Dies hat den Hintergrund, dass man im Falle einer Enttäuschung einen Gesichtsverlust für beide Seiten vermeidet. Aber auch hier gibt es Ausnahmen und man wird förmlich zum sofortigen Auspacken aufgefordert. Zeigen Sie in diesen Fällen dem Schenker unbedingt Ihre große Freude.

Alleine die Melone kostete 2015 schon ca. 45 Euro

Kleine Aufmerksamkeiten

Wir haben es uns angewöhnt, immer einen kleinen Vorrat an schön verpackten Dankeschön-Geschenken (zum Beispiel Naschereien oder Miniflaschen mit alkoholischen Getränken aus der Heimat) dabei zu haben. Wir setzen diese kleinen Mitbringsel dann ein, um uns bei großer Hilfestellung unterwegs zu bedanken.

Auf Kyushu hatten wir vor Jahren mal das Problem in einem Ort den Bahnhof zu finden. Der angesprochene Japaner erkundigte sich dann bei Ortsansässigen und hatte große Schwierigkeiten damit uns mitzuteilen, dass keine Bahn mehr fuhr. Er brachte uns dann zu einer Bushaltestelle. Wir bedankten uns artig mit einem kleinen Mitbringsel. Kurze Zeit später tauchte der besagte Japaner wieder mit seinem Auto auf und fuhr uns zum nächsten Ort. Dort zeigten wir uns erneut mit einer Aufmerksamkeit erkenntlich und er machte, um uns auch wieder etwas zu geben, noch ein paar schöne Abschiedsfotos mit unserer Kamera. Geben und nehmen kann so auch Spaß bereiten.

Ein absolutes Tabu
… sind Geschenke oder Dankesgaben an Polizisten bzw. andere Beamte. Dies würde man als Bestechung auffassen. Hier unterscheidet sich Japan, wie auch in manch anderer Hinsicht, recht deutlich von anderen Ländern in Asien.

王子
Oji

池
Ikebu

初台
Hatsudai

305

中央道　中央環状
Chuo　　Circle 2

← 20　甲州街

Kapitel 3
In Japan zurechtkommen

Straßenschild in Tokyo: Hinweise sind auch in lateinischer Schrift aufgeführt

Keine Angst vor Japan

In Japan zurechtkommen

Die erste Japanreise

Das richtige Verhalten, Kultur und Etikette sind in Japan von großer Bedeutung, wenn man Land und Leute kennenlernen will. Gerade als Individualtourist sollten Sie sich mit diesen Themen vor Ihrer Reise beschäftigen. Der schützende oder unterstützende Reiseleiter sind Sie selbst. Wenn Sie die Anmerkungen dazu im Kapitel „So verhalten Sie sich in Japan richtig" zum Thema „Japan-Knigge" gelesen haben, kennen Sie ja bereits die Grundzüge des Verhaltens. Wichtig für Sie als Tourist sind dann noch grundlegende Informationen zu Einreise, Geldversorgung, Übernachtungsmöglichkeiten, Restaurants, Nutzung der Verkehrsmittel und einiges mehr.

Lassen Sie sich bitte nicht abschrecken. Japan ist nicht nur aus unserer Sicht ein sicheres und schönes Reiseland. Von der relativ niedrigen Klein-Kriminalitätsrate Tokyos träumt sicher die eine oder andere europäische Großstadt. Aber Leichtsinn gepaart mit Naivität ist in keinem Land der Erde angebracht und auch wir erwarten von ausländischen Besuchern ja die Einhaltung unserer Regeln. Bei unseren vielen Aufenthalten in Japan haben wir nie schlechte Erfahrungen gemacht. Im Gegenteil: Die Menschen waren stets freundlich und hilfsbereit. Erwähnten wir auf die typische Frage eines Japaners, aus welchem Land wir kommen, dass wir Deutsche sind, hatten wir immer das Gefühl besonders willkommen zu sein. Wir wurden dann sogar schon mehrfach mit einer spontanen Gesangseinlage in Form eines deutschen Volksliedes begrüßt.

Haben Sie etwas Mut und wagen Sie eine Reise in das Land der aufgehenden Sonne. Die gute Infrastruktur und die Hilfsbereit-

Rechter Wächter am Niomon-Tor des Tempel Ninna-ji in Kyoto

In Japan zurechtkommen

Tokyo, die Kreuzung vor der Shibuya Station: grün für alle Fußgänger, auch diagonal

schaft der Japaner werden auch Ihnen gefallen und zeigen, dass Japan gut zu bereisen ist. Oft wird der als hilfesuchend erkennbare Tourist von freundlichen Japanern angesprochen. Die Orientierung ist in den letzten Jahren viel einfacher geworden. So erfolgen Bahn-Ansagen mittlerweile fast immer auch in Englisch und die Beschilderungen auf Bahnhöfen und im Straßenverkehr sind zusätzlich zur japanischen Beschriftung noch mit lateinischer Schrift versehen.

Wenn Ihnen vor Ort Informationen fehlen oder Sie nicht weiterwissen – einfach fragen. Egal ob Passant, Schaffner oder Polizist. Man wird immer versuchen, Ihnen zu helfen. Auch Hotels halten viele Informationen vor, man muss nur fragen.

Japan bietet Ihnen viele touristische Highlights. Es gibt tolle Landschaften, gut restaurierte Burgen, große Tempelanlagen, kleine Schreine und – nicht zu vergessen – große Städte, wie Tokyo und vieles mehr. Alles zusammen ist eine gelungene Mischung von Kul-

Die Fünfstöckige Pagode am Sensoji-Tempel in Asakusa, Tokyo

tur, Tradition und Gegenwart. Ich will aber an dieser Stelle nicht unterschlagen, dass Japan nicht unbedingt ein preiswertes Reiseland ist.

Wohin soll es gehen und wann wollen Sie Japan besuchen? Diese Entscheidungen kann ich Ihnen nicht abnehmen. Dies gilt auch für die Reiseplanung. Eine Voraussetzung zur Nutzung vieler Hinweise und Ideen aus diesem Buch ist auch die Bereitschaft zur Eigeninitiative und zur intensiven Nutzung der fast unendlichen Recherchemöglichkeiten des Internets. Zum Einstieg in das Thema finden Sie unter „Nützliche Links" eine Sammlung hilfreicher Internetseiten. Haben Sie Geduld bei den Internetrecherchen, man findet fast alles, wenn auch nicht immer beim ersten Versuch. Dank Google- oder Bing-Übersetzer lassen sich zum Teil sogar Seiten in japanischer Schrift leserlich machen. Auch auf YouTube findet man viele interessante Informationen zu Reisezielen. Sehen Sie es mir bitte nach, wenn ich hier Hinweise gebe, die Sie als intensiver Nutzer des World Wide Webs selbstverständlich kennen.

Unsere Interessen sind vermutlich nicht mit Ihren identisch. Die Informationen und Reiseideen im Kapitel „Sehenswertes – Reiseziele" sollen Ihnen als Anregung dienen, selbst eine Reise nach Ihren Vorstellungen zu planen.

Eine Bitte vorab! Machen Sie es nicht so, wie Sie es oft bei Japanern auf Europatrips sehen: Hetzen Sie nicht von Ort zu Ort, ein kurzes Foto und dann schnell weiter. Wie so oft im Leben gilt auch hier: Weniger ist mehr! Tauchen Sie in das Land ein und genießen Sie Japan!

Der Weg ist das Ziel

Für Individualreisende ist an diesem Ausspruch schon was dran. Man muss sich schon ausgiebig mit der Planung beschäftigen, was einen nicht unerheblichen Zeitaufwand bedeutet. Es ist aber auch ein schönes Gefühl und Erfolgserlebnis in einem Land wie Japan selbständig seinen Weg zu finden. Meine Frau und ich haben es nie bereut und sind auch immer da angekommen, wo wir hinwollten.

Um es vorweg zu nehmen, wenn Sie keine Lust oder Zeit haben, sich intensiv mit der Planung Ihrer Reise zu beschäftigen, sollten Sie sich zumindest bei der ersten Reise nach Japan einem Reisever-

In Japan zurechtkommen

Der Weg ist das Ziel: Mit dem Zug durch blühende Rapsfelder in der Präfektur Kagoshima auf der südlichen Hauptinsel Kyushu

anstalter anvertrauen. Ohne Plan in ein Land wie Japan zu reisen und mal eben vor Ort zu überlegen, wo es hingehen soll, ist meines Erachtens nicht zu empfehlen. Allerdings wird Ihr Kennenlernen des Landes vermutlich bei einer organisierten Reise etwas oberflächlicher ausfallen. Sollten Sie sich nicht entscheiden können wie Sie Japan bereisen möchten, können Sie ja auch noch ein paar individuell gestaltete Tage an eine fertig gebuchte Reise anhängen.

Wenn Sie keine Pauschalreise gebucht haben, überlegen Sie sich gut, wie Sie reisen wollen. Soll es von Ort zu Ort gehen? Oder wollen Sie es wie wir machen: Wir suchen uns 2 bis 3 Stationen zum Übernachten im Land und reisen von dort dann sternförmig zu den lokalen Zielen. Die guten und schnellen Shinkansen-Verbindungen ersparen unnötiges Koffer schleppen. Kommen wir zweimal an den gleichen Ort z. B. bei An- und Abflug in Tokyo, deponieren wir einen Teil des Gepäcks im Hotel und sammeln es beim zweiten Aufenthalt wieder ein. Japan ist eigentlich ein Reiseland für kleines Gepäck. Da Japaner eher zu kurzen Reisen mit wenig Gepäck neigen, sind die Abstellmöglichkeiten in den Verkehrsmitteln oft begrenzt. Aber keine Angst, irgendwie geht es immer.

Blick aus dem Flugzeug auf den Flughafen Haneda und andere aufgeschüttete Inseln in der Bucht von Tokyo

Die Flugroute von Deutschland nach Japan ist stark frequentiert. Sie sollten daher, sobald Sie wissen wann Sie reisen wollen, rechtzeitig einen passenden Flug suchen und buchen. Sie sollten jetzt aber schon ungefähr wissen, wohin Sie wollen. Hiermit ist nicht die Feinplanung der Reise (wann genau und mit welcher Bahn) gemeint. Es geht darum, die Eckdaten für Ihre weitere Planung festzulegen. Wo werden Sie landen, welche Städte wollen Sie sehen und von welchem Ort soll die Heimreise angetreten werden? Wollen Sie zum Beispiel Tokyo und Kyoto besuchen, könnte ein Gabelflug Osaka/Tokyo oder umgekehrt interessant sein, um Reisezeiten innerhalb des Landes zu minimieren. Die Lufthansa fliegt zum Beispiel auch in Kooperation mit anderen Fluggesellschaften weitere Flughäfen wie Fukuoka oder Sapporo an. Warten Sie auch mit den Hotelbuchungen nicht zu lange. Japaner reisen gerne und auch bei uns wird dieses Reiseland immer beliebter. Die Zahl der ausländischen Besucher, von denen die meisten Touristen sind, hat sich gemäß den Statistiken der „Japan National Tourism Organization" (JNTO) in den letzten fünf Jahren fast verdreifacht. Waren es im Jahr 2012 noch ca. 8,3 Millionen Gäste im Land der aufgehenden Sonne, wurden für 2016 knapp über 24 Millionen gezählt.

Entweder machen Sie es wie wir und buchen Ihre Flüge selbst im Internet oder Sie suchen sich professionelle Unterstützung. Achten Sie aber bitte nicht nur auf den Preis. Viele günstige Angebote haben oft sehr lange Reisezeiten. Es ist schon ein Unterschied, ob man von Frankfurt nach Tokyo 12 oder 20 Stunden unterwegs ist. Werfen Sie daher bei Ihren Recherchen unbedingt einen Blick auf die Gesamtreisezeiten und planen Sie die Zeiten für die Anschlussflüge nicht zu eng. Abgesehen von Verspätungen, die sicher nicht der Regelfall sind, führt zum Beispiel die erneute Sicherheitskontrolle nach der Landung in Frankfurt vor dem Inlandsflug nach Hause fast regelmäßig zu Schweißperlen auf der Stirn. Bei Flügen über München hatte ich hier bisher immer ein besseres Gefühl.

Einkaufs- und Restaurantstraße in Shinjuku (Tokyo) bei Nacht

Wir sind bei unseren Reisen bisher auf den Flughäfen Narita und Haneda in Tokyo sowie dem Kansai Airport in Osaka gelandet oder abgeflogen. Einmal haben wir unseren Rückflug auch vom Nagoya Airport angetreten. Für die Fahrt von den Flughäfen in Tokyo steht Ihnen der Narita Express bzw. die Tokyo Monorail zur Verfügung. Beide können Sie mit dem JR-Pass benutzen. Informationen zum JR-Pass finden Sie im Kapitel „Reisen mit Bahn und Bus". Die Tokyo Monorail bringt Sie von Haneda bis Hamamatsucho. Hier müssen dann in eine JR-Bahn wechseln. Vom Kansai Airport gibt es ebenfalls verschiedene JR- Expresszugverbindungen. Außerdem besteht die Möglichkeit, einen Airport-Bus zu nehmen (Siehe Kapitel "Nützliche Links"). Der kleine Nagoya Airport mit seinem gemütlichen Flair ist über eine Privatbahn errcichbar.

Bei Flügen aus Deutschland werden Sie meistens am Vormittag in Japan landen. Daher sollten Sie im ersten Hotel möglichst einen Früh-Check-In buchen. Auch wenn man im Flieger schlafen kann ist ein Langstreckenflug anstrengend. Hinzu kommt die Zeitverschiebung.

Die Wege zur Passkontrolle sind nicht unbedingt kurz und die Abfertigung dauert oft lange. Nach dem Warten am Fließband auf die Koffer müssen Sie Ihre JR-Pass-Kaufbestätigung in den JR-Pass umschreiben lassen (weitere Hinweise finden Sie im Kapitel „Reisen mit Bahn und Bus"). Außerdem sollten Sie sich gleich eine Reservierung für den Airport-Express besorgen. Nun müssen Sie nur noch den Bahnsteig finden und Ihr Urlaub im Land der aufgehenden Sonne kann beginnen.

Wenn Sie es endlich geschafft haben, fahren Sie nach dem Verlassen der Airport Umgebung an Bergketten, kleinen Städten oder Reisfeldern vorbei und kommen endlich am Ziel an. In den Voror-

Zori, eine traditionelle japanische Fußbekleidung in einem Geschäft in Asakusa (Tokyo)

ten der großen Städte, werden Sie sich unter Umständen fragen, ob Sie hier richtig sind. Der Anblick der teilweise dicht an den Bahnschienen liegenden Wohnhäuser mit flatternder Wäsche auf den Balkons versetzt einen kurzfristig gedanklich nach Südeuropa. Sie werden auch Ähnlichkeiten mit der heimischen Vegetation finden, wenn Sie noch wach genug sind. Die erste Betrachtung der Vororte von Tokyo oder Osaka wird sicher nicht Ihren gedanklichen Vorstellungen von Japan entsprechen. Aber keine Angst: Häuser sehen auch bei uns oft von vorne besser als von hinten aus.

Nach dem Bezug des Zimmers im Hotel, dem Auspacken der Koffer und vielleicht einer kurzen Siesta, folgt das erste Eintauchen in das Gewimmel von Japan. Nach unseren Erfahrungen ist dann, wenn man am Abend normal schlafen geht, der Jetlag erledigt und man ist angekommen.

Noch ein Hinweis! Auf dem Flughafen in Japan kann man nicht übernachten, da die Flughäfen nachts geschlossen werden. Normalerweise werden Sie nicht in die Verlegenheit kommen, auf dem Flughafen übernachten zu wollen. Uns ist dies im Jahr 2010 passiert, als aufgrund des Ausbruches des isländischen Vulkans „Eyjafjallajökull" der Flugverkehr in Europa zum Erliegen kam und damit auch keine Flüge von Japan nach Europa mehr möglich waren. Es ist schon ein komisches Gefühl, wenn der Urlaub zu Ende ist und man kann nicht nach Hause fliegen. Allerdings war dies kein japanisches, sondern ein weltweites Problem.

Bei dieser Gelegenheit noch ein Tipp zum Rückflug. Auf den Flughäfen in Tokyo haben wir schon sehr oft beim Check-in Angebote für ein relativ preiswertes Upgrade in die Businessklasse erhalten. Wenn Sie daran interessiert sind, einfach mal beim Einchecken nachfragen.

Reisezeiten und entsprechende Kleidung

Beachten Sie bitte, dass es im Norden noch sehr kalt ist, wenn auf Kyushu schon die ersten Kirschbäume blühen. Eine einheitliche Aussage zum Klima und damit auch zur Bekleidung ist somit schwer zu treffen. Sie finden auch in anderen Reiseführern und im Internet nicht immer genaue Aussagen und vor Ort sieht es dann noch mal etwas anders aus.

IN JAPAN ZURECHTKOMMEN

Jedes Jahr im Februar findet in Hokkaidos Hauptstadt Sapporo ein einwöchiges Schnee- und Skulpturenfestival statt

Frühling ist in Japan von März bis Mai. Insbesondere im April haben Sie in Mitteljapan die Möglichkeit „Sakura" zu genießen, die herrliche japanische Kirschblüte. Aufgrund der unterschiedlichen geografischen Lage „wandert die Kirschblüte" in dieser Zeit von Süden nach Norden. Hier sollten Sie mit leichter Übergangskleidung und zur Sicherheit einem Pullover oder einer Fleecejacke zurechtkommen. Einmal hat uns in Kyoto zur Kirschblüte sogar ein starkes Schneetreiben überrascht. Aber mit etwas „Schichtbetrieb" geht's immer.

Die Sommermonate Juni bis August beginnen mit einer ca. vierwöchigen Regenzeit. Im Juli setzt dann die Sommerhitze mit hoher Luftfeuchtigkeit ein. Uns erscheint diese Reisezeit weniger empfehlenswert. Allerdings finden in der Sommerzeit auch viele der traditionellen Feste (Matsuri) statt. Hier reicht dann sicher atmungsaktive leichte Sommerkleidung aus, verbunden mit einem dünnen Regenschutz. Sie müssen in dieser Zeit auch mit Taifunen rechnen.

Der Herbst in den Monaten September bis November ist wegen der Laubfärbung bei Reisenden sehr beliebt. Das Wetter ist in die-

Kirschblüte an einem Graben in der Nähe des Kaiserpalastes in Tokyo

ser Zeit angenehm mild und sonnig, wobei der September und der Oktoberanfang zum Ausklang der Taifunzeit auch noch mal stürmisch sein kann. Auch die Laubfärbung ist in diesen beiden Monaten zum Teil noch nicht interessant. Im Gegensatz zur Kirschblüte wandert die Herbstfärbung vom Norden in den Süden. Hinzu kommt aber, dass sich die Blätter in den höheren Lagen eher als in den Tälern verfärben. In der Herbstzeit werden, genauso, wie zur Zeit der Kirschblüte, viele Pauschalreisen angeboten. Übergangskleidung und Fleecejacke sind hier die richtige Wahl. Auch der Pullover für den Mehrschichtbetrieb ist im November eine gute Idee.

Im Winter (Dezember bis Februar) ist das Klima eher trocken und bietet auch sonnige Tage. Der geografischen Lage entsprechend hat der Süden ein angenehm warmes Winterklima während es Richtung Norden immer frostiger wird. Es ist daher nicht verwunderlich, dass Nordjapan gute Wintersportmöglichkeiten bietet. Hier ist unbedingt Winterbekleidung angesagt.

Hokkaido und Nordjapan passen sicher genauso wie Okinawa nicht so ganz in die vorab dargestellte Unterteilung. So liegen

Herbstfärbung im Garten Shoyo-en beim Rinno-ji-Tempel in Nikko

die Temperaturen in Sapporo selbst im japanischen Sommer im Durchschnitt nur wenig über 20 Grad. Im Winter müssen Sie hier mit erheblichen Minusgraden rechnen.

Das subtropische Klima auf Okinawa mit seiner hohen Luftfeuchtigkeit ist in keiner Form mit dem restlichen Japan zu vergleichen. Selbst in den Wintermonaten sind die Temperaturen noch angenehm. Auch die Wassertemperaturen liegen dann oft noch bei ca. 20 Grad. Die schwüle Regenzeit beginnt auf Okinawa schon Mitte Mai und dauert ca. 6 Wochen. Besonders von Juli bis September klettert das Thermometer oft über 30 Grad. Es ist auch am Abend noch schwül und heiß und den einen oder anderen kräftigen Schauer gibt es auch. Okinawa wird regelmäßig zwischen Mai und Oktober von Taifunen heimgesucht.

Als gute Reisezeiten für Okinawa werden die Monate zwischen März und Mai genannt. Es ist dann schon angenehm warm und regnet wenig. Wer es heiß mag kann sicher auch die Sommermonate für einen Aufenthalt nutzen. Allerdings nutzen auch viele Japaner diese Zeit für Ihren Urlaub. Eine weitere sehr beliebte Reisezeit mit angenehmen warmen Temperaturen liegt zwischen Ende

Kirschblüten in voller Pracht auf Miyajima

September und den ersten Dezembertagen. Der Winter auf Okinawa ist sehr wechselhaft. Es gibt Tage an denen die Temperatur auf 10 Grad sinkt um kurz darauf wieder auf das doppelte anzusteigen.

Wie schon gesagt ist es nicht so einfach mit dem Klima. Besonders die Angaben zur Kirschblüte und Herbstfärbung passen nicht immer. So haben wir im letzten Oktoberdrittel 2013 in Kyoto und weiter südlich kaum Hinweise auf die Herbstfärbung gefunden. Auch in Tokyo waren Anfang November rot gefärbte Ahornbäume die Ausnahme.

Wir haben Japan bisher in Zeiträumen von Ende März bis Anfang Juni und Mitte September bis Mitte November bereist und hatten bis auf wenige Ausnahmen ganz ordentliches Wetter. Hinweise zu den gängigen Reisezeiten und Klimatabellen für einzelne Regionen finden Sie schnell im Internet und auch auf den Seiten der Anbieter von Pauschalreisen. Falls Sie Japan zur Zeit der Kirschblüte bereisen wollen, finden Sie auf der englischen Homepage der japanischen Fremdenverkehrszentrale (siehe „Nützliche Links") Hinweise zur den Blütezeiten.

Abschließend könnte man die besten Reisezeiten für einen Japanurlaub folgendermaßen beschreiben: Hokkaido von Mai bis September und die restlichen Hauptinseln in den Zeiträumen von April bis Mai sowie von September bis Mitte November.

Und noch ein Tipp zur Reisezeit für ganz Japan: Meiden Sie den Zeitraum einer Aneinanderreihung japanischer Feiertage Ende April bzw. Anfang Mai, der „Golden Week", da dann viele Japaner unterwegs sind und Sie mit vollen Zügen rechnen müssen. Fällt in Japan ein Feiertag auf den Sonntag ist der Montag übrigens ein freier Tag.

Zeitverschiebung

In Japan werden die Uhren nicht auf Sommerzeit umgestellt, deshalb beträgt die Zeitverschiebung für uns 7 bzw. 8 Stunden. Japan hat nur eine Zeitzone. Um einen Reisetag gut ausschöpfen zu können, sollten Sie Ihr Aktivitätsverhalten etwas an Sonnenauf- und Sonnenuntergangszeiten anpassen.

Sprachkenntnisse

Logischerweise sind japanische Sprachkenntnisse auf einer Japanreise von Vorteil. Aber es geht auch ohne Japanischkurse. Ich z. B. beherrsche nur wenige Vokabeln und Floskeln.

Im Laufe der letzten Jahre hat sich Japan, was die Bereitschaft angeht, Englisch zu sprechen, sehr verändert. Bei älteren japanischen Männern habe ich auf Grund der gutturalen Aussprache schon mal Verständigungsprobleme. Aber mit etwas Geduld geht es immer. An Bahnhöfen und in Kaufhäusern etc. ist die Verständigung in Englisch kein Problem. Auch meine Frau, die ja etwas japanisch kann, aber in Deutschland kaum die Möglichkeit hat, japanisch zu sprechen, spricht mit Japanern nach einigen Höflichkeitsfloskeln meistens auf Englisch weiter.

Noch ein Tipp! Geben Sie einem Japaner nicht schon bei der Ansprache das Gefühl, dass er Ihren Sprachkenntnissen hoffnungslos unterlegen ist. Reden Sie auch nicht zu schnell. Japaner sind Perfektionisten und wollen nicht das Gesicht verlieren. Lassen Sie sich auf die Sprachkenntnisse Ihres Gesprächspartners ein. Um nach dem Weg zu fragen, braucht man nicht viele Worte und wenn das Eis gebrochen ist, lassen sich auch mit nicht perfekt englischsprechenden Japanern Gespräche führen.

Sie sollten sich auf jeden Fall ein kleines Wörterbuch deutsch japanisch und umgekehrt sowie einen Sprachführer mit Redewendungen für Reisende zule-

Ein wenig Japanisch zum Einstieg	
Ja	hai
Nein	iie
Guten Morgen	ohayo gozaimasu oder ohayo
Guten Tag	konnichiwa
Guten Abend	kombanwa
Gute Nacht	oyasumi nasai
Tschüss	ja nee oder ja mata nee
Tschüss bis morgen	ja mata ashita
Auf Wiedersehen	sayonara
Hallo beim Telefonieren	moshi moshi
Herzlich willkommen	irasshaimase
Danke	arigato
Vielen Dank (noch höflicher)	(domo) arigato gozaimasu
Entschuldigen Sie	sumimasen
Bitte sehr	dozo
Verzeihung	gomen-nasai
Ich freue mich, Sie kennenzulernen	hajimemashite
Wie geht es Ihnen?	ogenki desu ka?
Danke, mir geht es gut	genki desu
Mein Name ist Wolfgang	watashi wa Wolfgang desu
Sehr angenehm	dozo yoroshiku
Bitte geben Sie mir	kudasai
Bitte geben Sie mir ein Fassbier	sumimasen, namabiru kudasai
essen	tabemasu
trinken	nomimasu
Lebensmittel	tabemono
Getränke	nomimono
Guten Appetit	itadakimasu
Prost	kampai
Schmeckt gut/lecker	oishii desu
Was ist das?	kore wa nan desu ka?
Japan	nihon
Japanische Sprache	nihongo
Deutschland	doitsu
Deutscher	doitsujin
Sprechen Sie Englisch?	eigo o hanashimasu ka?
Langsam	yukkuri
Verstanden	wakarimasu
Nicht verstanden	wakarimasen
So ist es	so desu oder hai so desu

Einreisevisum - wichtig ist der Stempel „Temporary Visitor"

gen. Diese Bücher mit oder ohne Schriftzeichen helfen auch bei der Aussprache. Es reicht vollkommen, und es kommt zudem gut an, wenn Sie sich Begrüßungsfloskeln und ähnliches aneignen. Mehr finden Sie dann im Sprachführer Ihrer Wahl.

Gute Hilfsmittel vor Ort sind sicher das „Point-And-Speak Phrasebook - Japan" und das „Yubisashi Japanese Food Phrasebook", beide von Toshiya Enomoto. In diesen Büchern in englischer Sprache, werden japanische Begriffe in lateinischer Schrift, oft verbunden mit einem kleinen Bild, sowie in Schriftzeichen und mit der zum Begriff gehörenden Aussprache, dargestellt. Es gibt weitere ähnliche Bücher von anderen Autoren.

Bitte beachten Sie, dass der Buchstabe „u" in der Aussprache meistens, aber nicht immer, fast ganz verschluckt wird. Also gesprochen „so des" und nicht „so desu".

Einreise nach Japan und ein paar Basics

Es ist sinnvoll die Einreiseerklärung und die Zollauskunft bereits im Flugzeug auszufüllen, damit die Abfertigung später nicht zu lange dauert. Bei Lufthansa und Japan Airlines haben wir die entsprechenden Vordrucke immer rechtzeitig vor der Landung erhalten.

Wenn Sie direkt aus Deutschland nach Japan fliegen, sind derzeit keine Impfungen für die Einreise vorgeschrieben. Grundsätzlich können Sie bei Ihrer Einreise alle Dinge für den persönlichen Bedarf mitnehmen. Für bestimmte Güter wie etwa Alkohol und Zigaretten gibt es auch in Japan Einfuhrhöchstmengen. Bitte informieren Sie sich vor Ihrer Reise über die aktuellen Bestimmungen (siehe Kapitel „Nützliche Links").

Bei einem Aufenthalt von bis zu 90 Tagen benötigen Sie als Tourist kein Visum. Es ist lediglich ein noch sechs Monate gültiger Reisepass erforderlich, in dem dann bei der Passkontrolle das 90-Tage-Visum vermerkt wird. Bei der Passkontrolle werden Ihnen außerdem Fingerabdrücke abgenommen und es wird ein Foto von Ihnen gemacht.

Achtung: Da ich davon ausgehe, dass Sie den bereits vor Ihrer Reise erworbenen Gutschein für den Japan Rail Pass in Japan in den JR-Pass (auf den ich später noch weiter eingehe) umtauschen

In Japan zurechtkommen

wollen, beachten Sie bitte beim Ausfüllen der Einreiseerklärung folgende Hinweise:
- Beantragen Sie bitte für die Einreise einen Aufenthalt als Tourist zur Besichtigung von Sehenswürdigkeiten.
- Sie erhalten dann gemäß dem japanischen Einwanderungsgesetz den Aufenthaltsstatus „Zeitweiliger Besucher" (Temporary Visitor).
- Der Japan Rail Pass wird nur an Personen ausgegeben, deren Reisepass diesen Vermerk aufweist. Andere Visaeinträge berechtigen nicht zur Nutzung des JR-Passes.

Währung, Devisenkauf und Kreditkarte

Landeswährung ist der Yen. Die Banknoten haben Werte von 1.000, 2.000, 5.000 und 10.000 Yen. Dazu kommen Münzen zu 1, 5, 10, 50, 100 und 500 Yen. Bargeld in japanischer und anderer Währung sowie Wertgegenstände dürfen eingeführt und auch wieder ausgeführt werden, müssen aber deklariert werden. Entsprechende Vordrucke erhalten Sie normalerweise bereits im Flugzeug bzw. sie liegen im Airport aus. Die Ausfuhr von Yen ist, soweit mir bekannt ist, auf fünf Million Yen beschränkt. Auch hier gilt, sich vor Antritt Ihrer Reise über die aktuellen Bestimmungen zu informieren.

Sie können in vielen großen Geschäften und Hotels mit Ihrer Kreditkarte bezahlen, aber Japan ist immer noch ein absolutes Bargeldland. Reiseschecks können Sie zumindest in größeren Banken in Yen wechseln. Bargeldverfügungen mit Kreditkarten an Geldautomaten sind nicht immer und überall möglich. Informieren Sie sich daher bitte unbedingt vor Ihrer Reise bei Ihrer Bank oder dem Anbieter Ihrer Kreditkarte wo und wie Sie Geld abheben können.

Der japanische Yen: Münzen und Banknoten

Wir nehmen immer ausreichend zu Hause gekaufte Yen und als Reserve Euroreiseschecks mit, die bei der Rückgabe im Gegensatz zu US-Dollar Reiseschecks kein Währungsrisiko beinhalten. Wir kalkulieren bei den Yen immer sehr großzügig. Es ist in den meisten kleinen Restaurants und Geschäften wirklich unüblich, mit Karte zu zahlen. Die Reiseschecks dienen dem Sicherheitsbedürfnis und werden nach der Rückkehr meistens wieder zurückgegeben. Verfolgen Sie die Sortenkurse rechtzeitig vor Ihrer Reise, damit Sie Ihre Yen nicht zu teuer einkaufen.

Umsatzsteuer

Der Umsatzsteuersatz wurde 2014 von 5 % auf 8 % erhöht. Eine für das Jahr 2017 geplante weitere Erhöhung auf 10 % wurde im Juni 2016 verschoben und soll jetzt 2019 erfolgen. Es gibt für Touristen verstärkt die Möglichkeit, sich die gezahlte Umsatzsteuer erstatten zu lassen. In vielen Kaufhäusern gibt es hierfür bereits spezielle Schalter. Hinweise zum Verfahren unter „Nützliche Links".

Stromversorgung

In Japan beträgt die Stromspannung 100 Volt mit 50 Hertz in Ost-Japan und 60 Hertz in West-Japan.

Vergessen Sie auf keinen Fall einen Reise-Adapter für Ihre Geräte mitzunehmen, damit Sie den heimischen Stecker an die für zweipolige Flachstecker vorgesehenen Steckdosen anschließen können. Sie können sich nicht unbedingt darauf verlassen, dass es in jedem Hotel auch Steckdosen mit 110/220 Volt für Ihren Rasierapparat gibt.

Handy und Internet

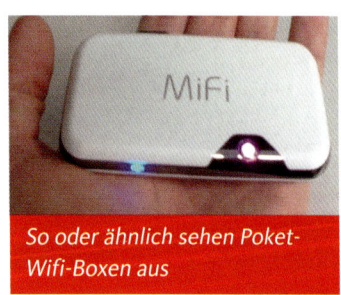

So oder ähnlich sehen Poket-Wifi-Boxen aus

Sie werden unterschiedliche Aussagen zur Frage finden, ob Sie Ihr Handy in Japan nutzen können. Früher war es durchaus üblich, sich in Japan ein Handy zu mieten. Generell kann man sagen, dass Sie mit einem Smartphone, dass den 3G Standard beherrscht über den Roaming-Partner des deutschen Mobilfunkanbieters telefonieren können. Allerdings ist dieses Vergnügen nicht sonderlich preiswert. Wenn Sie Zweifel haben, fragen Sie bitte vor der Reise Ihren Mobilfunk Anbieter.

Beim Thema Internet ist es überraschend, dass es in Japan bisher nicht so viele kostenlose W-LAN Zugänge gibt. Auch in einigen Hotels ist das Internetangebot noch kabelgebunden. In Kyoto und Nagasaki soll es zumindest im Stadtzentrum kostenlose WiFi-Zonen geben. Bei dem W-LAN Service in Cafés und Bars handelt es sich oft um Abo-Angebote. Aber wie schon gesagt, Japan ist von einer flächendeckenden Versorgung noch weit entfernt. Bei Internetrecherchen kann man aber feststellen, dass immer mehr Orte dazukommen.

Sie werden in den App-Stores viele mehr oder weniger brauchbare Apps für Ihren Japanaufenthalt finden. Da nach meinem Kenntnisstand Google bisher keine Offlinekarten für Japan zur Verfügung stellt, könnte die eine oder andere Navigations-App ggf. interessant sein. Wir haben uns bisher benötigte Karten im Pdf-Format auf unser Tablet geladen. Dies hat bisher im Zusammenhang mit den Karten der örtlichen Tourismusbüros gereicht, um von A nach B zu kommen. Ich habe auch keine Lust, mich laufend in irgendwelchen Wifi-Netzen zu registrieren oder anzumelden. Hinzu kommt, dass man dann gerade keinen freien WiFi-Spot findet, wenn man ihn braucht.

Seit geraumer Zeit gibt es zwei interessante Möglichkeiten, die Ihnen bei der Internetnutzung helfen. Von verschiedenen Anbietern (siehe „Nützliche Links") werden Daten-SIM-Karten für Smartphone oder Tablet angeboten. So könnten Sie zum Beispiel unterwegs auch Google-Maps zum Navigieren benutzen oder Ihre Mails empfangen. Die andere Möglichkeit ist die Anmietung einer Pocket Wifi Box. Diese bietet einen schnelleren Internetzugriff (LTE), ist dafür aber auch etwas teurer. Beides können Sie bereits von zu Hause aus erwerben. Falls Sie sich für die Wifi Box entscheiden, erhalten Sie beim Anmieten einen bereits frankierten Briefumschlag, den Sie am Ende der Reise in Japan für die Rücksendung der Box verwenden.

Medizinische Versorgung

Die medizinische Versorgung ist sicher mit unserer vergleichbar. Persönlich kann ich hier zum Glück keine Erfahrungen beisteuern. Informationen vor Ort erhalten Sie telefonisch über das AMDA International Medical Information Center in Tokyo (Tel-Nr. 03-5285-8088) oder Osaka (Tel.: 050-3598-7574) jeweils von Mo.-Fr. von 9.00 Uhr bis 17.00 Uhr. Auch die Hotels können Ihnen sicherlich helfen, wenn Sie einen Arzt brauchen. Zumindest in den großen Städten sollten Sie auch englischsprechende Ärzte finden. Empfehlenswert ist nach meiner Meinung bei einer derartigen Reise der Abschluss einer Auslandskrankenversicherung, die gegebenenfalls auch eine Rücktransportklausel enthält.

Es kann durchaus vorkommen, dass Sie Ihre Probleme einem älteren Arzt auch mit deutschen Begriffen verständlich machen können. Dies rührt aus der Zeit, als sich Japan an Deutschland orientierte. Daher mussten Medizinstudenten früher auch Deutsch lernen.

Auch der Kauf von Medikamenten sollte grundsätzlich kein Problem darstellen. Apotheken finden Sie überall. Allerdings kann die Sprachbarriere hier sicher hinderlich sein. Damit es nicht zu Problemen kommt, empfiehlt es sich, die benötigten Medikamente von zu Hause mitzunehmen. Wenn Sie Bedenken bezüglich eines bestimmten Medikamentes haben, sollten Sie sich bei der japanischen Botschaft erkundigen. (Siehe „Nützliche Links"). Aus persönlicher Erfahrung kann ich nur sagen, dass wir nie Probleme bei der Mitnahme von Medikamenten hatten.

Die Hotels in Japan bieten eigentlich immer ein westliches Ambiente: Lobby des Hotels „The New Otani" in Osaka

Notrufnummern

Eine Polizeistation (Koban) finden Sie üblicherweise an oder in der Nähe von Bahnstationen. Falls Sie telefonisch Hilfe herbeirufen wollen wählen Sie bei Verkehrsunfällen und Verbrechen wie bei uns die Rufnummer 110 der Polizei. Bei Notfällen wie Verletzungen oder Feuer wählen Sie 119.

Übernachten

Grundsätzlich bietet Ihnen Japan auch alle bei uns bekannten Übernachtungsmöglichkeiten. Vereinzelt findet man auch Angebote zum Mieten von Wohnungen und auch Hinweise zu Campingplätzen. Aber Japan bietet auch uns vermutlich eher unbekannte Übernachtungsformen wie Kapsel- oder Love-Hotels. Bei dieser Gelegenheit noch der Hinweis, dass die Betten in Japan meistens härter als unsere Matratzen sind. Um die Wegezeiten zu minimieren rate ich Ihnen, sich Unterkünfte zu suchen, die möglichst verkehrsgünstig liegen. Auch in der Nähe großer Shinkansen-Stationen findet man gute und ruhige Unterkünfte.

Bitte denken Sie auch daran, dass der Nichtraucherschutz in Japan noch nicht so fortgeschritten ist, wie bei uns. Einige Hotels und Ryokans bieten keine Nichtraucherzimmer an. In Business-Hotels finden Sie manchmal Luft-Ionisierer, die aber keine wirkliche Verbesserung der Luftqualität bringen, und als Zugabe lassen sich dann die Fenster auch nicht öffnen. Also Augen auf bei der Hotelwahl, wenn man auf Nichtraucherzimmer Wert legt.

Nachfolgend ein kurzer Überblick über unterschiedliche Übernachtungsmöglichkeiten in Japan. Aus persönlicher Erfahrung können wir nur über Hotel, Businesshotel und Ryokan berichten. Aber auch hier werden Sie beim Suchen durchaus Unterschiede feststellen. Auf den ersten Reisen waren wir noch sehr sparsam und haben versucht möglichst preiswert zu übernachten. Das machen wir heute nicht mehr. Etwas Luxus ist auf einer Fernreise ganz angenehm.

Hotels

Insbesondere bei Hotels haben wir die Erfahrung gemacht, dass es starke Preis- und Qualitätsunterschiede geben kann. Im Klartext: Ein teures Hotel muss nicht immer wirklich gut sein. Aber das gibt es auch in anderen Ländern. In der Regel sind die Zimmer im westlichen Stil eingerichtet.

Wir buchen unsere Hotels immer über das Internet. Sowohl mit Direktbuchungen als auch bei Buchungen über Internetportale wie z. B. Expedia haben wir bisher keine schlechten Erfahrungen gemacht. Gehen Sie bei Hotelbuchungen bitte auch immer auf die offizielle Hotelseite. Mit „Google übersetzen" hilft auch bei japanischen Seiten. Sehen Sie sich die Zimmer und deren Preis, Größe und Ausstattung genau an und vergleichen Sie die Angaben mit denen der Buchungsportale oder umgekehrt. Wichtig ist sicher auch die Frage, ob im Preis ein Frühstück enthalten ist.

Überlegen Sie sich auch gut, ob Sie direkt über die Hotelpage buchen wollen oder ob Sie über ein Internetportal buchen. Beim Internetportal können Sie Ihre Buchungen in Euro im Voraus bezahlen und gehen kein Währungsrisiko ein. Hier müssen Sie sich auf Ihr Bauchgefühl verlassen. Ein echter Preisvergleich ist kaum möglich, da Sie bei der direkten Buchung ja unter Umständen erst viel später vor Ort bezahlen.

Business-Hotels

Business-Hotels sind wie der Name schon sagt für Geschäftsreisende gedacht und sind meistens verkehrstechnisch sehr gut angebunden. Diese Hotels bieten Zimmer, die im westlichen Stil eingerichtet sind.

Es gibt durchaus gute Business-Hotels, aber etwas Vorsicht ist angebracht. Obwohl auch nicht wirklich preiswert, haben wir hier schon grenzwertige Erfahrungen machen müssen. Klein, eng, stickig und teuer. Sehen Sie vor der Buchung genau hin.

Ryokan

Obwohl wir beim Übernachten eigentlich den westlichen Stil bevorzugen, sollte man auf einer Japanreise auch im Ryokan übernachten. Eine Übernachtung in einer solchen nicht immer ganz preiswerten traditionellen Unterkunft ist sicher ein besonderes Erlebnis und man erhält einen Eindruck von den Traditionen und den Wohngewohnheiten der Japaner.

Im Ryokan schläft man üblicherweise auf Futon-Matten, die zur Nacht auf dem Boden ausgelegt werden. Sollte Ihnen das Schlafen auf dem Boden zu hart sein, lassen Sie sich einfach einen 2. Futon geben. Das macht die klassische japanische Übernachtung für einen Matratzen verwöhnten Europäer angenehmer. Tagsüber werden die Futons weggeräumt und man sitzt z. B. beim Essen auf dem Boden vor einem niedrigen Tisch. Zur Erinnerung: In den mit Tatami-Matten ausgelegten Zimmern werden keine Schuhe getragen.

Manche Ryokans haben nur ein Gemeinschaftsbad. Die Ryokans, die wir bisher gebucht hatten, verfügten jedoch immer über ein

Ein Zimmer in einem Ryokan in Kyoto mit Tatami (Matten) und Shoji (Schiebetüren) in der Tagesausstattung und für die Nacht vorbereitet

Foto aus einem Minshuku mit einem interessanten Speisesaal. Man setzt sich auf Kissen und kann, wenn man nicht auf Knien sitzen will, die Beine in einen Schacht unter dem Tisch hängen lassen. Diese Art des Sitzens findet man auch manchmal in Lokalen

kleines privates Bad. Manchmal waren wir erstaunt, was man alles auf gut einem Quadratmeter unterbringen kann.

Frühstück und manchmal auch ein Abendessen sind im Übernachtungspreis meist bereits inbegriffen. Auch hier gilt, dass man vor dem Buchen genau hingucken sollte, besonders bei preiswerten Angeboten.

Minshuku

Das Minshuku ist das traditionelle japanische Gegenstück zu deutschen Pensionen. Der Service ist nicht mit Hotel oder Ryokan vergleichbar. Dafür ist die Atmosphäre familiär und die Übernachtung günstiger. Auf Toilettenartikel und den Yukata, der üblicherweise in guten Hotels und Ryokans bereitgehalten wird, werden Sie aber verzichten müssen. Übrigens, der Yukata ist eine einfachere Variante des Kimonos. Er wird beispielsweise nach dem Bad getragen oder auch als Schlafanzug benutzt.

Auch im Minshuku sind die Zimmer mit Tatami-Matten ausgelegt und es wird auf dem Futon geschlafen. Es versteht sich von selbst, dass die japanische Etikette hier beachtet werden muss.

Shukubo (Tempelunterkünfte)

Einige Tempel in Japan bieten die Möglichkeit der Tempelübernachtung an. Besonders in beliebten Wallfahrtsorten finden Pilger und Touristen diese Möglichkeit der einfachen Unterkunft, die der traditionellen Lebensweise der buddhistischen Mönche angepasst ist. Sie werden in der Regel schlichte einfache Zimmer mit Tatami-Matten vorfinden und auf Futons auf dem Boden schlafen. Außerdem werden Sie die Gemeinschaftstoilette benutzen müssen. Im Internet finden Sie Hinweise und auch Buchungsmöglichkeiten. Einfach Shukubo oder Tempelunterkunft in die Suchmaschine eingeben.

So oder so ähnlich sehen Tempelunterkünfte aus

Jugendherberge

Sicher eine sehr günstige Übernachtungsmöglichkeit. Jugendherbergen sind besonders bei jungen Reisenden und Rucksacktouristen beliebt. Auch Bekannte von uns haben diese Unterkunft schon gewählt und waren sehr zufrieden.

Will man schnell Kontakt zu anderen Reisenden finden und hat man kein Problem mit Gemeinschaftsbad oder Gemeinschaftsunterkunft, ist man hier sicher gut bedient. Und wenn man mal wirkliche Zweisamkeit genießen will, dann gibt es ja noch das Love-Hotel.

Love-Hotels

Ein japanisches Love-Hotel ist sicher nicht mit einem deutschen Stundenhotel vergleichbar. Um es vorweg zu nehmen, ich habe weder in Deutschland noch in Japan persönliche Erfahrungen mit diesen Unterkunftsarten.

Typische Nutzer von Love-Hotels sind japanische Paare, die der Hellhörigkeit zu Hause entgehen wollen, oder junge Leute, die noch bei den Eltern wohnen. Aber auch für außereheliche Affären und von Callgirls werden sie genutzt. Der Besucher hat keinen direkten Kontakt zu den Bediensteten des Love-Hotels. Entweder sitzen die Mitarbeiter hinter einer Blende oder die Abwicklung erfolgt zur Wahrung der Anonymität voll automatisch.

Die Zimmer in einem Love-Hotel mietet man dem Zweck entsprechend zeitweise. Sie sind üblicherweise komfortabel mit Dop-

Kapselhotels (Capsule Hotels) werden insbesondere bei jungen Reisenden immer beliebter. Diese Budget-Unterkünfte firmieren teilweise auch unter dem Begriff „Hostel"

pelbett und teilweise sehr abwechslungsreich und themenbezogen ausgestattet. Warum nicht mal in einer Raumkapsel oder einem Bahnabteil glücklich sein? Lassen Sie sich ggf. einfach überraschen. Zu den Preisen kann ich Ihnen keine Angaben machen.

Kapsel-Hotels

In Kapsel-Hotels wird man kaum westliche Gäste antreffen. Diese japanische Art der Übernachtung ist schon sehr speziell. Man schläft halt in einer sehr kleinen Kapsel, die etwa 2 qm groß und ungefähr einen Meter hoch ist. Ausgestattet mit Radio, Wecker und Minifernseher sowie Spiegel gehören die Kapsel-Hotels zu den extrem preiswerten Übernachtungsmöglichkeiten. Sie befinden sich oft in der Nähe von Bahnhöfen aber auch im Rotlichtmilieu. Typische Gäste sind übrig gebliebene Nachtschwärmer, Geschäftsreisende oder Reisende mit extrem kleinem Geldbeutel.

Mag auch mancher Tourist eine derartige Übernachtung als ein Abenteuer betrachten – wir haben auf eine persönliche Erfahrung verzichtet.

Kulinarisches

Frühstück

Hotels bieten in der Regel ein gutes Frühstücksbuffet mit westlichen und japanischen Elementen an. Sie sollten sich aber auch mal ein typisches japanisches Frühstück gönnen. Dazu gehört neben Reis auch Tofu, Miso-Suppe, eingelegtes Gemüse sowie gegrillter kalter oder auch warmer Fisch. In einem großen, auf japanische Gäste spezialisierten Hotel hatten wir das Vergnügen, ein riesiges japanisches Frühstücks-Büfett vorzufinden, das uns eine Vielzahl von unbekannten Speisen bot. Wenn auch im ersten Moment gewöhnungsbedürftig, war es wirklich etwas Besonderes. Wenn Sie mal früh losfahren wollen, hilft im Shinkansen auch der Inhalt einer Bento-Box, auf die ich noch an weiteren Stellen des Buches zu sprechen komme.

Japanisches Frühstück in einem Ryokan in Kyoto

Restaurants

Welche Restaurants Sie aufsuchen wollen und welche Preisklasse Ihr Budget hergibt, müssen Sie selbst entscheiden. Die japanische Küche hat durchaus mehr als Sushi zu bieten. Lassen Sie sich überraschen. Nur weil Sie etwas nicht kennen, muss es ja nicht schlecht sein. Ein gutes Beispiel hierfür sind Okonomiyaki. Schon mal gehört? Es handelt sich dabei um leckere Pfannkuchen mit interessanten Belägen. Hierzu im Kapitel „Japanische Gerichte" mehr. Essen Sie auch mal etwas, was Sie nicht kennen!

Wenn Sie Essen gehen wollen, gibt es abgesehen von der Hotelküche viele Möglichkeiten. Sie werden auch direkt neben dem Hotel kleine und gute Restaurants finden. Fragen Sie im Hotel ggf. nach Restaurants mit spezieller Küche. Manche Hotels halten hier auch Listen bereit.

Auch Kaufhäuser und größere Bahnhöfe können durchaus interessant sein. Im Gegensatz zu deutschen Bahnhöfen befinden sich oft in den unteren Etagen Restaurantmeilen, in denen man gut und preiswert eine Mahlzeit einnehmen kann. In den oberen Etagen gibt es dann auch manchmal gehobene Küche. Aber es gibt auch Bahnhöfe, bei denen dieses Umfeld fehlt.

Japanisches Abendessen in einem Ryokan in Matsumoto

Auch für Japan gilt, dass gut besuchte Restaurants meistens gutes Essen anbieten. Es ist hier nicht anders als bei uns. Es hat sicher auch seinen Grund, dass sich vor einem Lokal Warteschlangen bilden und dass das Lokal nebenan leer ist.

Leider wird in Lokalen und Cafés manchmal noch geraucht. Nicht wundern, besonders in Kyoto ist uns aufgefallen, dass einige Restaurants einen Tischpreis pro Person nehmen. Manchmal gibt es als Gegenleistung hierfür einen Gruß aus der Küche. An dieser Stelle nochmals der Hinweis, dass Trinkgelder in Japan nicht üblich sind. Guter Service gehört hier einfach dazu. Bezahlt wird üblicherweise an der Kasse am Ausgang.

Es gibt auch immer mehr Restaurants mit westlicher Küche, die Ihnen z. B. italienische oder spanische Speisen anbieten. Allerdings werden Sie dort kaum einen entsprechenden Landsmann finden. Ob man auf einer Japanreise zum Italiener gehen will bleibt jedem selbst überlassen. Gut besucht sind in der Regel auch Lokale, die sich der Koreanischen Küche widmen. Hier müssen Sie aber Liebhaber scharfer Speisen sein. Selbstverständlich haben, wie überall

Man findet überall in Japan kleine Sushi-Bars, die gut besucht sind

auf der Welt, die bei uns bekannten Coffee- und Burgerketten auch in Japan schon lange Einzug gehalten.

Uns persönlich interessiert allerdings die japanische Küche, die sich wegen ihrer frischen Zutaten weltweiter Beliebtheit erfreut. Sicher scheiden sich beim Essen die Geister. Egal wo wir uns auf der Welt aufhalten, wenden wir uns der Landesküche zu.

Auch ohne japanische Sprachkenntnisse ist die Bestellung in Lokalen normalerweise kein Problem. Häufig sind Speisekarten auf Englisch vorhanden oder sie haben Bilder. Oft findet man in den Auslagen der Lokale auch Plastiknachbildungen der Gerichte mit Preisangaben.

Restaurants unterscheiden sich wie bei uns nach dem Speiseangebot oder nach der Art des Lokals. Viele Lokale haben sich auf die Zubereitung bestimmter Speisen spezialisiert. Die Begriffe Kaiseki und Izakaya sollten Sie schon mal gehört haben. Die Kaiseki-Küche ist die Gourmet-Küche des Landes. Hier dürfen Sie ein gehobenes Preisniveau erwarten. Die Izakaya ist die japanische Form der Gaststätte oder Kneipe und erfreut sich starker Beliebtheit. Der Begriff Kneipe bedeutet aber nicht, dass Sie hier nicht gut essen können. Sie bilden ein großes Spektrum verschiedener Preisstufen ab. Bei einer Reise hatten uns japanische Freunde in eine Izakaya im 54. Stock eines Geschäftshauses in Shinjuku eingeladen. Hier wurde uns gehobene Küche zu sicher auch gehobenen Preisen in einem tollen Ambiente und mit einzigartigem Ausblick über das nächtliche Tokyo serviert.

Leider erkennt oder findet man in Japan, wie auch in anderen asiatischen Ländern, gute Lokale oft einfach nicht, da sie sich in den oberen Stockwerken von Gebäuden befinden. Ohne Hinweisschilder und Kenntnis der Schriftzeichen ist man hier leider chancenlos. Macht aber nichts! Es gibt genug Möglichkeiten gut zu speisen. Die meisten Lokale haben heute eine westlich orientierte Einrichtung, aber es gibt auch die klassischen, mit Tatami-Matten ausgelegten Räume.

Wenn Sie wollen, können Sie in Lokalen gut mit Japanern ins Gespräch kommen. Kontakt findet man zum Beispiel in Sushi-Lokalen oft sehr schnell, wenn man sich nicht an den Tisch setzt, sondern den Bartresen bevorzugt. Hier ist es nach meiner Auffassung sowieso interessanter, da man den Sushi-Meistern auf die Finger sehen kann. Oft wird man dann schon beim zweiten Besuch wiedererkannt und überschwänglich begrüßt. Wenn Sie nicht an der Bar sitzen können oder wollen hilft auch die Wahl eines größeren Tisches. Hin und wieder suchen wir im Tokyo'er Stadtteil Roppongi eine kleine deutsche Bar auf, die von einem in Japan lebenden Schwaben betrieben wird. Hier treffen sich in Japan arbeitende Deutsche und Japaner. Trotz der sicher vorhandenen Sprachbarriere kommt man ins Gespräch. Uns haben diese Restaurantbesuche bisher viele nette Erlebnisse beschert.

Hinweise auf Restaurants in oberen Etagen findet man leider nicht überall

Japanische Gerichte

Ob man sich eine japanische Lunchbox (Bento) für unterwegs gekauft hat oder in einem Lokal speist, die Portion wird schön anzusehen sein. Die Speisen werden immer kunstvoll angerichtet und schonend zubereitet sein. Es verwundert auch kaum, dass fast alles, was das Meer zu bieten hat, auf dem Teller landet. Nicht unerwähnt sollte bleiben, dass die traditionelle japanische Küche im Dezember 2013 von der UNESCO als immaterielles Kulturgut zum Weltkulturerbe erklärt wurde. Auch dies zeigt sicher die Einzigartigkeit der japanischen Speisen.

Bento-Pakete zum Mitnehmen

Die japanische Küche fasziniert durch Schlichtheit gepaart mit Raffinesse. Das japanische Essen gilt als ausgewogen. Reis und Gemüse der Jahreszeit bilden neben Fisch und Fleisch die Grundlage der Speisen. Hinzu kommen Nudelgerichte in vielen Variationen. Besonders wichtig sind Qualität und Frische der oft regionalen Zutaten. Reis ist seit über zweitausend Jahren das japanische Hauptnahrungsmittel. Er wird zu jeder Tageszeit gegessen. Egal, ob Frühstück, Mittag- und Abendessen, Reis ist fast immer dabei. Interessanterweise vertreibt Reis zum Frühstück nach unseren Erfahrungen für einen längeren Zeitraum etwaige Hungergefühle als unsere heimischen Brötchen.

Japaner nehmen gerne viele kleine Speisen zu sich. Wundern Sie sich daher nicht, dass die Gerichte nicht sonderlich groß sind. Man bestellt einfach etwas nach oder entscheidet sich gleich für ein Menü. Die nachfolgenden Beschreibungen sollen Ihnen einen kurzen Überblick über gängige Gerichte geben und können und sollen nicht die Vielfalt des Angebotes an Speisen vollständig wiedergeben.

Üblicherweise werden Sie beim Betreten und Verlassen eines Lokals von den Mitarbeitern lautstark begrüßt bzw. verabschiedet.

Bento
Die Bento-Box ist die japanische Form des Lunchpaketes. Supermärkte, Kaufhäuser und Läden in den Bahnhöfen bieten diese Pakete an.

Curry-Reis (kare-raisu)
Curry soll zum Ende des 19. Jahrhunderts durch die Briten ins Land gekommen sein und traf anscheinend voll den Geschmack der Japaner. Das am meisten verbreitete Curry-Gericht ist Curry-Reis. In vielen regionalen Varianten mit den unterschiedlichsten Zutaten (z.B. Fleisch und Gemüse oder auch Meeresfrüchte) ist er gemäß der Homepage der japanischen Botschaft ein Nationalgericht, das jeder Japaner regelmäßig isst. Selbstverständlich gibt es spezielle Lokale für dieses Gericht. Curry wird aber nicht nur mit Reis gegessen, es hat auch in die Nudelsuppenküche Einzug gehalten.

Donburi
Gekochte Gerichte in einer Schale mit weißem Reis, der dann mit Stücken anderer Gerichte, wie zum Beispiel Tempura, Ei, Huhn, Rindfleisch oder Aal belegt wird.

Edamame
Edamame werden gerne als Vorspeise oder Snack gegessen. Es handelt sich um junge in Salzwasser gekochte Sojabohnen, die frisch aus der Hülse in den Mund wandern.

Fugu
Kugelfisch darf aufgrund seiner giftigen Körperteile nur von speziell ausgebildeten Köchen zubereitet werden. Wird der Fisch falsch verarbeitet oder zubereitet, entfaltet das Gift seine tödliche Wirkung, in geringen Dosen soll es betäubend und berauschend wirken. Das Fleisch hat, wie wir aus eigener Erfahrung wissen, eher einen nichtssagenden faden Geschmack. Nicht das wir scharf darauf waren, den Nervenkitzel zu spüren. Nein, einer unserer Gastgeber hatte es einfach nur gut gemeint und uns erst beim Essen mit einem Grinsen darüber aufgeklärt, was wir gerade zu uns nahmen. Irgendwelche Wirkungen, haben wir nicht gespürt, weder betäubende noch anregende. Aus unserer Sicht kann man beruhigt die Finger vom Fugu lassen.

Fugu-Sashimi

Miso-Suppe mit Wakame-Algen und Fisch

Gari
Den eingelegten Ingwer mit leicht scharfem süßsaurem Geschmack findet man oft als Beilage beim Sushi.

Gyoza
Kleine mit Fleisch oder Gemüse gefüllte Teigtaschen. Diesen beliebten Snack taucht man vor dem Verzehr in eine spezielle Soße.

Miso-Suppe
Grundlage der Miso-Suppe sind der japanische Fischfond Dashi und die Sojabohnenpaste Miso. Wakame-Algen, Tofu und Rettich sind klassische Einlagen der Suppe. Aber auch Frühlingszwiebeln, Pilze und viele andere Zutaten gehören dazu. Miso-Suppen isst man in Japan mit dem Frühstück beginnend quasi zu jeder Mahlzeit.

Natto
Diese fermentierten Sojabohnen sind schon etwas besonders. Auch so mancher Japaner macht um diese schmierige und Fäden ziehende Speise einen weiten Bogen. Aber Natto soll sehr gesund sein. Meine Frau mag es und ich würde nicht auf die Idee kommen, diese „Delikatesse" anzurühren.

Nikuman sind Dampfnudeln mit Füllung

Nikuman
Die dicken kloßförmigen Dampfnudeln findet man oft an Straßenständen. Die Fleischfüllungen sind unterschiedlich. Einfach mal probieren.

Oden
Konbu (Seetang) wird mit verschiedenen Zutaten wie z.B. Rettich, Garnelen- oder Fischklößchen und Tofu in Brühe zu einer schmackhaften Suppe gegart. Dem persönlichen Geschmack sind bei den Zutaten kaum Grenzen gesetzt.

Okonomiyaki
Besonders in Hiroshima und in der Kansai Region sind die Pfannkuchen mit Kohl sehr beliebt. Sie werden auf einem heißen Stein oder einer heißen Platte gebraten. Mit Thunfischflocken und anderen Zutaten sowie einer speziellen dicken Soße versehen, sind

Okonomiyaki - Pfannkuchen auf Japanisch

Sashimi Moriawase – verschiedene Sashimi

sie einfach köstlich. Einige Restaurants bieten den Gästen auch die Möglichkeit, sich ihre Okonomiyaki selbst auf einer heißen Platte zuzubereiten.

Onigiri
Onigiri sind kleine Snacks, die man gut unterwegs verzehren kann, wenn einem die Bento-Box zu groß ist. Es handelt sich z. B. um kleine Reisdreiecke, die in Norialgenblätter eingewickelt und mit Fisch, Gemüse und anderen Zutaten gefüllt sind. Sie können Sie in fast jedem Kaufhaus oder Supermarkt erwerben. Sie sind preiswert und sättigen gut.

Ramen
Chinesische Eiernudeln (Ramen), werden als Suppe mit verschiedenen Einlagen in Fleischbrühe serviert.

Sashimi
Roher Fisch bester Qualität wird in Stücke geschnitten und kunstvoll angerichtet serviert. Der Reis fehlt bei dieser Delikatesse.

Sushi-Platte mit verschiedenen Köstlichkeiten

Sushi

Gesäuerter, kalter Reis wird mit Fisch, Ei, Gemüse und anderen Köstlichkeiten belegt und in mundgerechten Stücken serviert. Nigri-Sushi nennt man die kleinen belegten Reisklötzchen. Maki-Sushi sind in Seetang gerollte Sushi-Stücke. Eine andere Art der Zubereitung ist Chirashi-Sushi. Hier werden die verschiedenen Zutaten in einer Schale auf den Reis gelegt.

Die Sushi-Stücke mit der Reisseite in die Sojasauce zu tunken, ist die einfachere Variante. Richtig soll es aber sein, wenn man die Fischseite vorsichtig in die Sojasauce tunkt. Ich habe auf unserer letzten Reise nochmal besonders darauf geachtet, wie Japaner Sushi essen und beide Varianten gesehen. Als weitere Variante habe ich gesehen, wie mittels der Stäbchen die Fischseite mit Sojasauce beträufelt wurde. Der eine oder andere nimmt, wie schon erwähnt, statt der Stäbchen einfach die Finger. Also nichts ist unmöglich.

Eine beliebte Sonderform sind die Kaiten-Sushi-Lokale. Hier brauchen Sie nicht zu bestellen, sondern können sich Ihre Häppchen einfach von dem vorbeifahrenden Band nehmen. Keine Regel ohne Ausnahme: Vermissen Sie eine Köstlichkeit, dann bestellen

Sie diese einfach direkt beim Sushi-Koch. Wenn man weiß, was man will, klappt es eigentlich immer. Es macht sich gut, wenn man vor dem Zurufen des Fischnamens die Vokabel „sumimasen" (Entschuldigung) voranstellt und ein „kudasai" (möchte ich bitte haben) nach dem Fischnamen sagt.

Sushi Lokale haben sich mittlerweile weltweit etabliert. Leider habe ich in Deutschland manchmal das Gefühl, eher in überteuerten Fastfood-Lokalen zu sitzen. Auf vorgefertigte Reisblöcke werden schnell bereits vorgeschnittene Fischstücke gelegt und schon sind die Sushi fertig. Wobei der Fischanteil im Verhältnis zum Reis manchmal eher sparsam ist. Aber es gibt natürlich auch bei uns sehr gute Sushi-Lokale.

Shabu Shabu

Man könnte sagen, dass Shabu Shabu die japanische Variante unseres Fondues ist. Hier wird hauchdünn geschnittenes rohes Rindfleisch kurz mit den Stäbchen durch eine heiße Brühe gezogen. Hinzu kommen Pilze und Gemüse. Vor dem Essen zieht man die gegarten Stücke durch eine Sauce aus Sesam oder Soja mit geriebenem Rettich.

Soba

Dunkle dünne Buchweizennudeln, die in einer Brühe gegart werden. Sie werden ohne Brühe kalt oder warm gegessen, kommen aber auch als Suppe auf den Tisch. Mit Schweinefleisch und Gemüse angebraten werden sie als Yakisoba serviert. Es gibt diverse Varianten dieser beliebten Speise.

Sukiyaki

Hier wird dünn geschnittenes Rindfleisch, Gemüse und Tofu am Tisch in einer Pfanne geschmort, mit einer Mischung aus Sojasauce, Zucker, Sake oder Mirin (süßer Sake zum Kochen) übergossen und vor dem Verzehr dann noch in rohes Ei getaucht.

Yakisoba, eine beliebte Speise in Japan

Angebot eines Tempura-Menüs mit Sashimi, Reis, Tsukemono, Suppe und Chawanmushi (Eistich in einer Schale mit Garnelen und Gemüse)

Tako-Yaki
Mit Oktopus und weiteren Zutaten gefüllte gebratene Teigbällchen. Wird oft auf Veranstaltungen oder in Vergnügungsparks angeboten.

Tempura
Einfach dargestellt im Teigmantel frittiertes Gemüse oder Fisch. Vor dem Verzehr werden die Tempura in eine spezielle Soße getaucht.

Teriyaki
Fleisch, Fisch oder Gemüse wird hier in einer Mischung aus Sojasauce, Ingwer, Mirin und Zucker oder Honig mariniert (Teriyaki-Sauce) und anschließend gegrillt.

Tofu
Ein Sojaquark, der in verschiedenen Varianten hergestellt und verarbeitet wird. Tofu ist Bestandteil vieler Gerichte und Grundlage der vegetarischen Küche in Japan.

Tonkatsu
Das panierte Schweineschnitzel Tonkatsu ist in Japan ein beliebtes Fleischgericht. Man könnte es mit einem zu dick geratenen Schnitzel Wiener Art vergleichen. Das frittierte Schweineschnitzel wird mit einer speziellen Tonkatsu-Soße, Spitzkohl und natürlich einer Schale mit Reis und einer Miso-Suppe gegessen. Es gibt selbstverständlich auch bei dieser Spezialität verschiedene lokale Varianten.

Tsukemono
Kleine Snacks aus eingelegtem Gemüse.

Udon
Die hellen dicken Weizenmehlnudeln kommen oft als Suppe mit Gemüse oder Fleischeinlage auf den Tisch.

Umeboshi
Die eingelegte Frucht des Ume-Baums (Aprikose) mit ihrem salzig säuerlichen Geschmack soll verdauungsfördernd sein. Die Frucht wird im grünen Zustand geerntet und danach in Salz und roten Shiso-Blättern eingelegt. Der Geschmack dieser japanischen Spezi-

In Japan zurechtkommen

alität ist für westliche Gaumen zwar etwas fremdartig, aber man kann sich daran gewöhnen.

Unagi
Der Süßwasseraal (Unagi) wird meistens in auf die Zubereitung spezialisierten Restaurants angeboten. Mit einer süßen Soße mariniert und gegrillt wird er auf einer Schale mit Reis serviert. Auch in der Sushiküche werden Sie Unagi sowie den Meeraal Anago gegrillt bzw. gegart und mit süßer Soße bestrichen finden.

Wagyu
Japanisches Rindfleisch, wer es einmal probiert hat versteht, dass Japaner bereit sind, für diesen exzellenten Geschmack tief in die Tasche zu greifen. Die auch bei uns bekannteste Sorte dieser Rinder ist wohl das Kobe-Rind. Diese Köstlichkeit wird oft direkt am Tisch auf einer heißen Platte zubereitet. Fragen Sie einfach nach einem Teppanyaki-Restaurant.

Wasabi
Der grüne japanische Meerrettich kann einem bei zu reichlichem Verzehr schon die Tränen in die Augen treiben. Aber er gehört einfach zum Sushi dazu. Warum viele Restaurants in Deutschland bei der Sushi-Zubereitung nicht einen Hauch von Wasabi verwenden, sondern nur einen kleinen Kloß dazulegen, bleibt mir verschlossen. Gerade diese feine Abstimmung zwischen Reis, Wasabi und Fisch in Verbindung mit der Sojasoße macht den Geschmack guter Sushi aus. Bei uns kann man Wasabi als Paste oder Pulver kaufen. In japanischen Restaurants werden Sie Wasabi aber oft auch frisch gerieben genießen können. Wasabi gilt in Japan als sehr gesund und soll bei der Abwehr von Krankheitserregern helfen.

Yakitori
Eigentlich mariniertes gegrilltes Hühnerfleisch auf kleinen Spießen mit Zwiebeln. Yakitori Restaurants bieten aber auch viele andere leckere Varianten mit Fleisch, Fisch und Gemüse an.

Gebratener Unagi (Aal, oben links) auf Reis als Teil eines Menüs

Yakitori-Spieße

Am Ausgang des Burgparkes von Hirosaki steht ein alter Laden. In historischem Ambiente werden viele Sake- und Shochu-Sorten angeboten

Getränke

Japaner trinken nicht nur grünen Tee. Sie werden fast alles, was Sie von zu Hause an Getränken kennen, auch in Japan finden. Auch als Cola-Fan oder Rotweinliebhaber müssen Sie nicht auf Ihre gewohnten Getränke verzichten. Ob dies immer sinnvoll ist, bleibt Ihnen überlassen. Zumindest beim Verzehr von Sojasoße dürfte Rotwein meines Erachtens nicht das Getränk erster Wahl sein. Aber da hat ja jeder seinen eigenen Geschmack.

Wenn Sie unterwegs sind, werden Sie an fast jeder Ecke einen Getränkeautomaten finden. Dies gilt auch für abgelegene Gegenden. Sie müssen also nicht verdursten. Die Getränkeautomaten bieten neben den bei uns bekannten Softdrinks auch immer Wasser und kalten Tee an. Es gibt auch Automaten mit heißen Getränken.

Nachfolgend einige Hinweise zu Getränken, die typisch japanisch sind, bzw. die gerne getrunken werden.

Tee (Ocha)

Wenn wir an japanischen Tee denken, meinen wir Europäer in der Regel den grünen Tee und liegen damit auch nicht falsch. Es gibt zwar auch schwarzen Tee, aber er spielt eher eine untergeordnete Rolle. Der bekannteste japanische „Grüne-Tee" ist der auch bei uns beliebte Sencha, den es in vielen Qualitätsstufen gibt. Für seine Zubereitung sollte möglichst kalkarmes Wasser verwendet werden. Nach dem Kochen mit dem Aufguss einen Moment warten, bis das Wasser nicht mehr sprudelt und auf ca. 70 bis 80 Grad abgekühlt ist. Damit wird verhindert, dass die gesundheitsfördernden Stoffe durch zu heißes Wasser zerstört werden. Dann je nach Sorte ca.1 bis 2 Minuten ziehen lassen. Grünen Tee kann man zwei- bis dreimal aufgießen, wenn man sich an diese Regeln hält. Sencha wird in den warmen Monaten häufig auch als erfrischender Eistee getrunken.

Tee-Ernte in Japan

Matcha ist der grüne Tee mit der höchsten Qualitätsstufe. Nur die besten Blätter werden für diesen Tee geerntet und nach der Verarbeitung pulverisiert. Ursprünglich wurde Matcha nur im Rahmen der traditionellen Teezeremonie verwendet. Heute erfreut er sich vor dem Hintergrund der ihm zugeschriebenen gesundheitsfördernden Inhaltsstoffe auch bei uns größerer Beliebtheit. Er wird auch als Zutat für Eis oder Süßigkeiten verwendet.

In Lokalen werden Sie oft kostenlosen Tee zum Essen erhalten. Bei dem leicht bräunlichen Tee handelt es sich meistens um Bancha. Dieser Tee wird nach der Sencha-Ernte aus den nachwachsenden Blättern hergestellt und hat einen erfrischenden Geschmack.

Genmaicha, eine Tee-Mischung aus Sencha oder auch Bancha mit gerösteten Reiskörnern, ist typisch japanisch. Der geröstete Reis gibt diesem Tee eine ganz besondere Geschmacksnote und ein gut riechendes Aroma. Er wird gerne im Sommer getrunken.

Erwähnenswert ist auch noch der ursprünglich chinesische Olongcha. Er ist erfrischend und wird heiß oder kalt getrunken.

Keine Angst vor Japan

Die heutige japanische Bierbraukunst lässt sich auf das letzte Drittel des 19. Jahrhunderts zurückführen und wurde auch durch deutsche Einflüsse geprägt, Kirin-Lagerbier wird seit mehr als hundert Jahren gebraut

Kaffee (Kohi)

Das Kaffeetrinken ist auch in Japan inzwischen weit verbreitet. Die Qualität reicht aber nicht immer an den bei uns gewohnten Kaffeegenuss heran. Trotzdem besuchen wir regelmäßig Coffee Shops. Kaffee wird in Japan auch gerne kalt getrunken, aber das gibt es ja auch hierzulande. Vermutlich wollen Sie aber einen heißen Kaffee (hoto Kohi) bestellen.

Wasser (Mizu)

Mineralwasser enthält in Japan üblicherweise keine Kohlensäure. Da wir sowieso stilles Wasser bevorzugen, hat uns dies nie gestört. Wenn Sie in den Kaufhäusern suchen, werden Sie vermutlich aber auch Wasser mit „Prickel" finden, zumindest importiertes.

Ob man im Ausland Leitungswasser trinken will, muss jeder selbst wissen. Gemäß Aussage der japanischen Fremdenverkehrszentrale ist der Leitungswassergenuss gesundheitlich undenklich.

Bier (Biru)

Bier ist in Japan äußerst beliebt. Wenn man bereit ist, über das deutsche Reinheitsgebot bei der Bierherstellung hinwegzusehen, wird man durchaus leckere Lagerbiere der einheimischen Brauereien finden. Es gibt vereinzelt auch extrem teures, nach deutschen Rezepten gebrautes Bier. Wenn Sie ein frisch gezapftes haben wollen, bestellen Sie einfach ein „namabiru".

Wein

Japan ist bisher nicht wirklich ein Weinanbauland. Aber wie ich die Japaner einschätze bekommen sie das auch noch hin. Sie werden aber eine große Auswahl importierter und oft teurer Weine finden. Es ist durchaus nicht unüblich, dass Ihnen der Rotwein gut gekühlt serviert wird. Sitten und Geschmäcker sind halt verschieden.

Sake

Bei uns wird der japanische Reiswein Sake genannt. In der japanischen Sprache bedeutet der Begriff „Sake" jedoch Alkohol jeglicher Art. Reiswein wird in Japan daher als „Nihonshu" bezeichnet. Aber keine Angst, auch wenn Sie Sake bestellen werden Sie das richtige Getränk erhalten. Sake oder Nihonshu ist sicherlich das bei uns bekannteste alkoholhaltige Getränk aus Japan. In der Herstellung

IN JAPAN ZURECHTKOMMEN

Mehrere Meter hoch aufgestapelte gespendete Sake-Fässer stehen am Weg zum Meiji-Schrein in Tokyo

ähnelt der Reiswein eher dem Bierbrauen. Sein Alkoholgehalt liegt zwischen 15 und 20 %. Er wird warm oder kalt getrunken. Einfach das Wort atsuka (das „u" wird nicht mitgesprochen) = heiß bei der Bestellung verwenden, wenn der Sake warm sein soll. Es gibt ihn lieblich oder trocken. Die Sortenvielfalt und Qualitätsvielfalt ist riesig und nicht mit dem bei uns erhältlichen Angebot zu vergleichen. Die Preise sind entsprechend der Vielfalt auch sehr unterschiedlich. Die Auswahl wird dadurch nicht einfacher.

Shochu

Shochu würde ich als Schnaps bezeichnen. Viele Sorten haben einen Alkoholgehalt von 25 %. Es gibt aber Shochu mit Alkoholgehalten um die 40 %. Er wird meistens aus Gerste, Süßkartoffeln oder auch Reis gebrannt. Gerne wird er heiß mit Wasser verdünnt aber auch pur kalt mit Eis getrunken. Insbesondere billige Varianten sind oft sehr „spritig". Es gibt aber durchaus sehr wohlschmeckende Sorten.

Pflaumenlikör (Umeshu)

Pflaumenwein oder Pflaumenlikör kannte ich vor meiner ersten Reise nach Japan lediglich aus den Chinalokalen in Deutschland. Persönlich gefällt mir die japanische Ausgabe aus der Ume-Frucht aber besser. Bei der Frucht handelt es sich aus botanischer Sicht um eine Aprikose und nicht um eine Pflaume. Der Alkoholgehalt liegt bei den meisten Produkten zwischen 10 und 15 %. Es gibt aber auch Varianten mit über 20 % Alkoholgehalt.

Whisky

Hätte ich nicht vor einiger Zeit in Hamburg an einem Whisky-Tasting teilgenommen, bei dem ausschließlich japanische Whiskysorten verkostet wurden, könnte ich zu diesem Thema sicher nicht besonders viel beitragen.

Im Lager der Yamazaki Whisky Destillerie der Firma Suntory lagern Fässer vieler Jahrgänge, die Ältesten sind von 1923

Whisky ist seit langer Zeit in Japan ein äußerst beliebtes Getränk. Die Geschichte des Whiskys, der in Japan seit gut 100 Jahren hergestellt wird, sprengt sicherlich Inhalt und Anliegen dieses Buches. Wussten Sie, dass japanischer Malt-Whisky seit Jahren internationale Preise abräumt?

Die bekanntesten japanischen Hersteller für Single Malt sind die Firmen Suntory und Nikka. Aber es gibt noch viele weitere Firmen, die guten Whisky herstellen. Auf einer unserer Reisen haben wir in der Nähe von Kyoto im Ort Yamazaki die Fabrikation des Produzenten Suntory besichtigt. Interessant war, dass die Brautechnik deutliche Hinweise auf ihre Fertigung in Schottland aufwies. Leider sind die Whiskypreise in den letzten Jahren in Japan sehr stark angestiegen. Ich habe gelesen, dass dies im Zusammenhang mit der Angebotsverknappung aufgrund der Lage einiger Produzenten im Umfeld von Fukushima stehen soll. Ob dies der einzige Grund ist, ist mir aber nicht bekannt. In guten Fachgeschäften findet man inzwischen auch bei uns ein Angebot verschiedener japanischer Whiskysorten.

Verkehrsführung in Tokyo auf mehreren Ebenen

Verkehrsmittel

Grundsätzlich stehen Ihnen alle gängigen Verkehrsmittel in Japan zur Verfügung. Aus meiner Sicht ist jedoch nicht immer jedes zu empfehlen.

Flugzeug

Eine direkte Weiterreise mit einem Inlandsflug ist unter Umständen sinnvoll, wenn man nach der Landung auf Hauptinsel Honshu direkt nach Okinawa, Kyushu oder Hokkaido weiterreisen will.

Für das normale Reisen durch das Land hat uns bisher immer der Shinkansen gereicht. Von Kyoto nach Hakata brauchen Sie für die Fahrt weniger als 3 Stunden. Von Hakata nach Tokyo brauchen Sie für rund 1.200 Kilometer nur ca. 6 Stunden, auch wenn Sie in Shin-Osaka einmal den Zug wechseln müssen. Wenn Sie der Empfehlung folgen, sich bereits in Deutschland den Japan-Railpass zu

Loop-Bus in Kanazawa. In vielen Orten gibt es Ringlinien, auf denen Busse zu günstigen Preisen touristische Ziele anfahren

kaufen, macht ein Inlandsflug schon aus Kostengründen keinen Sinn. Weiterführende Informationen zum JR-Pass finden Sie im Kapitel „Reisen mit Bahn und Bus".

Bahn und Bus

Bahnfahren in Japan ist nicht mit den Verhältnissen in Deutschland vergleichbar. Es ist immer wieder ein Erlebnis. Verspätungen gibt es so gut wie nicht. Der Service ist gut und die Fahrt im Shinkansen entspannend. Der Personennahverkehr ist sehr gut organisiert und funktioniert zuverlässig. Man kann Japan auch als Land der funktionierenden öffentlichen Verkehrsmittel bezeichnen.

Wir haben Japan bisher immer mit öffentlichen Verkehrsmitteln bereist und raten es auch jedem Japanbesucher.

Ausführliche Informationen zur Nutzung der öffentlichen Verkehrsmittel finden Sie im Kapitel „Reisen mit Bahn und Bus".

Mietwagen

Sie wollen möglichst flexibel sein und fahren gerne mit dem Auto. Das ist selbstverständlich auch in Japan möglich. Ich würde Ihnen von diesem Abenteuer aber aus verschiedenen Gründen zumindest bei Ihren ersten Japanreisen abraten.

Für Sie als Deutscher oder Schweizer reicht in Japan auch der internationale Führerschein nicht aus, um Autofahren zu dürfen. Sie benötigen hierfür eine Übersetzung Ihres nationalen Führerscheins ins Japanische. Nur mit Original-Führerschein und der Übersetzung dürfen Sie in Japan Auto fahren. Die erforderliche Übersetzung erhalten Sie gegen Zahlung einer Gebühr von der Japan Automobile Federation (JAF). Die Übersetzung kann schon vorab von zu Hause beantragt werden. Weitere Informationen finden Sie auf den Internetseiten der deutschen Botschaft in Japan, der japanischen Fremdenverkehrszentrale oder der Firma Japan Experience (siehe „Nützliche Links"). Für Bürger aus Österreich soll die Übersetzung nicht erforderlich sein, wenn zusätzlich zum Landesführerschein ein internationaler Führerschein mitgeführt wird.

Bedenken Sie bitte auch, dass in Japan Linksverkehr herrscht und dass es außerhalb der großen Städte auf dem Land nicht hundertprozentig sichergestellt ist, dass wirklich alle Hinweisschilder auch

Zwei Shinkansen unterschiedlicher Baureihen im Bahnhof

westliche Schrift aufweisen. Allerdings habe ich auf unseren letzten drei Reisen keine Schilder gesehen, die nicht auch Hinweise in lateinischer Schrift hatten.

Beachten Sie bitte auch, dass einige Straßen mautpflichtig sind und Geschwindigkeitsbegrenzungen sowie die Überschreitungen der Promillegrenze von 0 % in Japan streng überwacht und geahndet werden. Hinzu kommt, dass auch Ihnen spätestens in der Rushhour in großen Städten die Lust zum Autofahren vergehen dürfte. Also nochmals der gut gemeinte Rat: „Lassen Sie es nach." Das Netz der öffentlichen Verkehrsmittel ist in Japan exzellent ausgebaut.

Wenn Sie dennoch mit dem Auto unterwegs sein wollen, was in abgelegenen Gebieten oder auf Inseln, wie zum Beispiel Hokkaido oder Shikoku, durchaus von Vorteil sein kann, finden Sie auf der Seite des Anbieters Japan-Experience (siehe „Nützlich Links") Informationen und auch Hinweise über die wichtigsten Bestimmungen. Es wird auch die kostenpflichtige Unterstützung bei Übersetzungen des Führerscheins angeboten.

Taxistand am Bahnhof Ueno in Tokyo

Taxi

Taxis haben in Japan keine Einheitsfarbe. In den Städten sieht man überall Taxis in großer Zahl. Leuchtet ein rotes Leuchtzeichen (kein Schreibfehler) rechts unten an der Windschutzscheibe ist das Taxi frei. Taxistände findet man an den Bahnhöfen und in Nähe großer Hotels. Wenn Sie ein Taxi an der Straße anhalten wollen, stellen Sie sich auf die Straßenseite, die der Fahrtrichtung entspricht. Der Fahrer öffnet und schließt die Türen automatisch.

    Taxis sind nicht besonders preiswert. Benutzen Sie daher nicht gerade in der Rushhour ein Taxi, es könnte teuer werden. Gerade in Großräumen, wie Tokyo, können Sie sich auch nicht immer auf die Ortskenntnis des Fahrers verlassen. Hatte ich vorher erwähnt, dass man überall mit Englisch durchkommt, muss ich beim Thema Taxi etwas zurückrudern. Taxifahrer sprechen anscheinend nur sehr selten Englisch. Nehmen Sie daher bei Taxifahrten immer eine Visitenkarte des Hotels oder eine Skizze des Ziels mit, damit die Heimfahrt nicht zum Problem wird.

Ein typischer Anblick in den Straßen: Eine Mutter ist auf dem Rad mit ihren beiden Kindern unterwegs

Fahrrad

Mit dem Fahrrad durch das Land zu reisen, war in der Vergangenheit nicht üblich, aber die Zeiten ändern sich. Auf unserer Reise im Jahr 2015 haben wir sogar in Tokyo Touristengruppen gesehen, die mit dem Fahrrad unterwegs waren. Ein Netz von Radwegen wie bei uns gibt es aber nicht. Das soll aber nicht heißen, dass die Japaner nicht radfahren. Sie werden auch an fast jeder Bahnstation große Fahrradparkplätze finden.

Viele Japaner, auch Mütter mit Kindern fahren mit dem Fahrrad im dichten Verkehr auf Tokyos Straßen und Fußwegen. Es gibt auch viele E-Bikes, die meistens von Müttern mit teilweise zwei montierten Kindersitzen verwendet werden.

In den Städten fahren Radfahrer oft auf den Fußwegen. Dies ist aber nur gestattet, wenn entsprechende Schilder, ähnlich wie bei uns, dies erlauben. Auf Kyushu und in Kyoto fällt auch auf, dass man immer mehr Fahrradverleih-Angebote findet. Im Internet gibt es inzwischen zahlreiche Hinweise zu Radreisen, Radtouren und zum Radfahren in den Städten.

Menschenmassen, wie hier am Bahnhof Ueno auf dem Weg zur Kirschblütenparty, helfen einem manchmal den richtigen Weg zu finden

In einer Broschüre der japanischen Fremdenverkehrszentrale habe ich gelesen, dass es inzwischen auch an einigen JR-Stationen die Möglichkeit geben soll Fahrräder zu leihen. Auch Radreisen werden inzwischen angeboten. Einige Hinweise zum Radfahren in Japan finden Sie im Kapitel „Nützliche Links".

Orientierung in Städten

Die Orientierung in japanischen Städten ist zumindest dann nicht so einfach, wenn man ein bestimmtes Gebäude sucht. Häuser innerhalb des Viertels oder der Straße werden nach der Reihenfolge ihrer Errichtung nummeriert. Sie finden die Hausnummer 2 meist weder neben Nummer 1 oder neben Nummer 3. Schilder mit Straßennahmen finden Sie eigentlich nur in den großen und wichtigen Straßen. Bitte beachten Sie, dass in Japan das Erdgeschoss der 1. Stock ist.

In öffentlichen Gebäuden hängen oft nützliche Lagepläne aus. Am besten lässt man sich von einem Ortskundigen an einem markanten Treffpunkt abholen oder man fragt an der Polizeistation (Koban). Wir besuchen in Abständen von einigen Jahren immer wieder ein kleines Geschäft für Sportbekleidung in Tokyo und verlaufen uns regelmäßig. Aber irgendwie schaffen wir es dann doch.

Adressen werden in Japan nicht mit Straßennamen angegeben, sondern mit Nummern für Bezirk, Gebäudeblock, Hausnummer und gegebenenfalls. Häusername, Bezirksname, Ort und Präfektur, 7-stelliger Postleitzahl und eventuell Japan. Hier ein Beispiel: Edo Tokyo Museum, 1-4-1 Yokoami, Sumida-ku, Tokyo 130-0015, Japan.

Touristeninformationen

Selbst in kleinen Städten gibt es Informationsstellen für Touristen. Meistens finden Sie diese im Bahnhof oder in unmittelbarer Nähe. Die kostenlosen Pläne und Beschreibungen gibt es fast immer in englischer Sprache. In einigen Orten haben wir auch schon mal Unterlagen auf Deutsch erhalten.

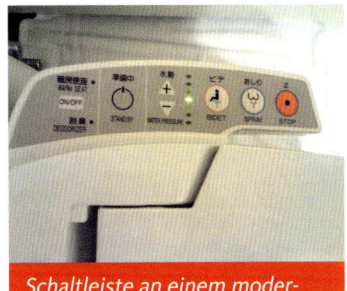

Schaltleiste an einem modernen japanischen WC (von oben gesehen)

WC

Öffentliche WC-Anlagen gibt es quasi überall. Öffentliche Toiletten sind, egal ob im westlichen oder japanischen Stil, fast immer sehr sauber. Früher war oft kein Papier vorhanden. Dieses Problem hatten wir zumindest auf unseren letzten Reisen nicht mehr. In Parks kann es allerdings auch heute noch vorkommen, dass das Toilettenpapier fehlt.

Wundert man sich manchmal auf dem Land über modernste WC-Anlagen, findet man in großen Bahnhöfen, wie zum Beispiel in Kyoto, auch noch die japanischen „Hock-Klo's", und längeres Hocken kann schon anstrengend sein. Ich erinnere mich noch daran, dass ich auf einer unserer ersten Reisen einen Meniskusschaden hatte, der den Gang zur Toilette zu einer besonderen Übung machte. Es hilft in solchen Fällen oft, einfach in die nächste Restaurantmeile oder das angrenzende Kaufhaus zu gehen. Auch in Tempelanlagen und Parks sind nicht immer die für uns normalen WC's vorhanden. Hier bleibt einem, wenn die Hockvariante nicht geht, dann nur das Behinderten-WC. Aber seien Sie beruhigt, man trifft immer seltener auf die Hock-Variante und meistens ist ein modernes WC in der Nähe.

Im Hotel unbedingt mal die Funktionen des japanischen Sitz-WC's ausprobieren. Keine Angst, auch wenn nicht in jedem Hotel die Funktionsknöpfe in Englisch beschriftet sind. Da kann nicht viel schiefgehen. Die Taste vorne (meistens orange) beendet die Zusatzfunktionen.

Eine klassische japanische Toilette und wie sie zu benutzen ist

Kapitel 4
Reisen mit Bahn und Bus

Ein Shinkansen der Baureihe N700 vor dem Fuji-san

Keine Angst vor Japan

Reisen mit Bahn und Bus

Zugfahren

Der Japan Rail-Pass

Der Japan Rail Pass

Die Benutzung öffentlicher Verkehrsmittel ist auch in Japan nicht preiswert. Japans größtes Nah- und Fernverkehrsunternehmen, die Japan Rail Company (JR), bietet Reisenden ohne japanische Staatsangehörigkeit bzw. ohne Wohnsitz in Japan für ihren Japanbesuch den sogenannten Japan Rail Pass an. Hiermit erhalten Sie als Besucher die Möglichkeit, Japan wesentlich günstiger zu bereisen.

Der Pass konnte bisher nicht in Japan erworben werden, man musste ihn als Gutschein bereits vor der Anreise kaufen. Die japanische Fremdenverkehrszentrale (JNTO) informierte im Dezember 2016 darüber, dass ab März 2017 für eine einjährige Testphase der JR-Pass auch in Japan verkauft werden soll. Ob dieses Angebot im Hinblick auf die Olympischen Spiele 2020 weiter bestehen bleibt, steht noch nicht fest.

Ich würde Ihnen auf jeden Fall zurzeit noch dazu raten, den Pass unverändert zu Hause vor Ihrer Reise zu kaufen. Abgesehen davon, dass der Erwerb außerhalb Japans um ca. 10 % günstiger sein soll, brauchen Sie sich dann bei der Ankunft nicht mehr darum kümmern, wo Sie den Pass erhalten. Die bisher übliche Umtauschprozedur vor Ort geht schnell vonstatten und Sie können den Pass dann auch gleich für die erste Fahrt vom Flughafen aus benutzen.

Wo Sie den Gutschein erwerben können, erfahren Sie z. B. über die Japanische Fremdenverkehrszentrale. Wir haben die Gutscheine zuletzt immer übers Internet bei speziellen Anbietern ge-

REISEN MIT BAHN UND BUS

In den großen Bahnhöfen ist an den Sperren den ganzen Tag lang Hochbetrieb

kauft. Einfach JR-Pass in eine Suchmaschine eingeben und einen Anbieter Ihres Vertrauens wählen.

Den Pass gibt es für Gültigkeitszeiträume von 7, 14 oder 21 Tagen. Außerdem existieren noch regionale Varianten. Informationen finden Sie auf der Homepage der JR Group (siehe „Nützliche Links") in deutscher Sprache. Hinzu kommt, dass Sie den Rail-Pass für die Benutzung der 1. oder der 2. Klasse erwerben können.

Bereits die 2. Klasse bietet einen guten Sitzkomfort, aber in den Waggons der 1. Klasse haben Sie noch mehr Platz. Einen Vorteil hat die 1. Klasse (Green Car) auch an Feiertagen und in den Ferienzeiten, wenn die Züge besonders voll sind. Wir selbst haben auf unseren letzten Reisen die Green-Car-Variante gebucht und werden es bei künftigen Aufenthalten auch wieder machen.

Der Gutschein muss dann vor Ort in Japan spätestens 3 Monate nach Ausstellung in den JR-Pass umgetauscht werden. Umtauschstellen finden Sie auf den internationalen Flughäfen, großen Bahnhöfen und anderen JR-Stellen. Eine Liste von Umtauschstellen

Es gibt nicht nur neue Züge in Japan. Hier ein schon fast historischer Vorortszug im Aomori. Überraschend ist immer wieder die Sauberkeit

erhalten Sie bereits beim Erwerb des Gutscheins. Eine umfangreichere Übersicht finden Sie im Internet ebenfalls auf der Seite der Japan Railway Group. Wenn Sie die Hinweise unter „Einreise nach Japan und ein paar Basics" bezüglich des Visums beachtet haben, steht dem Umtausch vor Ort nichts entgegen.

Ich gehe bei der weiteren Betrachtung davon aus, dass Sie sich für den Kauf des JR-Passes entscheiden werden.

Nutzungsmöglichkeiten des JR-Passes

Wenn Sie Ihren Pass nach dem Umtausch in Händen halten, können Sie ihn unbegrenzt auf fast allen von JR betriebenen Verkehrsmitteln benutzen. Hierzu gehören z. B. Zug, Bus und Fähren. Nachfolgend eine Kurzübersicht ohne Anspruch auf Vollständigkeit:

- Alle Shinkansen-Superexpresszüge, außer Nozomi und Mizuho
- Expresszüge (Express) und interregionale Expresszüge (Limited Express)
- Schnellzüge (Rapid) und Special Rapid
- Regionalzüge (Local), also auch viele der S-Bahnen in Tokyo etc.
- Die Tokyo-Monorail, die auch zum Flughafen Haneda fährt
- Die Expresszüge von den Flughäfen Narita nach Tokyo und vom Kansai nach Osaka oder Kyoto

Zusätzlich zu den genannten Zügen können Sie auch Regionalbuslinien von JR-Busgesellschaften (abgesehen von Expressbusrouten) sowie die JR Miyajima-Fähre benutzen. Hinzu kommen die eingeschränkte Nutzung einiger weitere Strecken. Eine vollständige Übersicht finden Sie ebenfalls auf der Internetseite der Japan Railway Group. Bitte prüfen Sie unbedingt auf dieser Seite, welche Fahrten möglich sind, da sich die Liste von Zeit zu Zeit ändert.

Wie wird der JR-Pass benutzt?

Als JR-Pass Inhaber gelangen Sie auf den Bahnsteig indem Sie einfach am Schalter neben der Sperre durchgehen und dem Bahnmitarbeiter Ihren Pass zeigen. Sie benötigen auch zur Benutzung der JR-Züge kein weiteres Ticket, außer Sie wollen einen reservierten Sitzplatz haben. Bei Fahrkartenkontrollen zeigen Sie dem Schaffner einfach Ihren JR-Pass und ggf. die Platz-Reservierung.

Ausschnitt aus einem Plan des JR-Netzes im Großraum Tokyo. Außerdem gibt es noch ein deutlich dichteres U-Bahnnetz und mehrere Privatbahnen. Hinweise zum Download der Pläne für die JR- und U-Bahnstrecken finden Sie unter „Nützliche Links"

Im Shinkansen und auch in Expresszügen gibt es die Möglichkeit, Sitzplätze zu reservieren. Dies ist in Zügen, die sehr häufig fahren in der 2. Klasse nicht unbedingt erforderlich. Reiseführer und Internetforen machen hier teilweise sehr unterschiedliche Aussagen. Es gibt aber Shinkansen, die nur reservierte Plätze haben. Hier muss dann auch in der 2. Klasse vorher reserviert werden. Wenn Sie auf der sicheren Seite sein wollen, machen Sie es wie wir und reservieren soweit möglich immer die Plätze. Dies hat auch den Vorteil, dass Sie garantiert einen Sitzplatz vorfinden und auf dem Bahnsteig genau wissen, in welchen Wagen Sie einsteigen müssen. Lokale Züge haben keine reservierbaren Plätze.

Haben Sie sich für die „Green-Variante" des JR-Passes entschieden, müssen Sie auf jeden Fall Ihren Sitzplatz reservieren, wenn Sie die 1. Klasse benutzen wollen. Die 2. Klasse können Sie mit der Green-Variante auch ohne Reservierung nutzen. Wir haben uns einmal in einem Limited Express in ein leeres Abteil der 1. Klasse gesetzt, ohne reserviert zu haben. Der Schaffner hat dann versucht uns klar zu machen, dass das so nicht richtig ist und wusste nicht wirklich, was er machen sollte. Wir dummen „Gaijin" durften aber dann doch bleiben.

Für unsere Verhältnisse sicher ungewöhnlich: In Japan werden die Shinkansen an jeder Endstation gereinigt. Nachdem sich das Reinigungspersonal vor den wartenden Shinkansen-Fahrgästen verbeugt hat, können diese einsteigen

In einem Shinkansen-Waggon der Baureihe 700. Die Green Car Sitze (1. Klasse) sind noch etwas komfortabler

Als JR-Pass Inhaber kostet Sie die Reservierung nichts und Sie können sicher sein, auch in Zeiten mit hohem Verkehrsaufkommen nicht stehen zu müssen. Die Platzreservierungen können Sie an JR-Schaltern in den Bahnhöfen vornehmen. Zeigen Sie einfach Ihren Rail-Pass und nennen die Zugverbindung.

Wir reservieren immer schon kurz nach unserer Ankunft in Japan Plätze für die Fahrten, bei denen wir schon genau wissen, wann wir fahren wollen. Weitere Reservierungen für Fahrten, die hinzukommen, besorgen wir uns dann immer so rechtzeitig wie möglich, damit wir nicht kurz vor der Fahrt noch an den Schalter müssen und ggf. den Zug verpassen. Insbesondere bei Nutzung des Green-Car-Passes ist es ärgerlich, wenn Sie es zu spät tun und dann keinen Platz mehr bekommen. Umbuchungen sind später ohne Problem kostenlos möglich.

Noch eine Bitte: Wenn Sie eine Reservierung aus welchen Gründen auch immer nicht in Anspruch nehmen wollen, geben Sie sie am JR-Schalter zurück. Ein Anderer freut sich dann über den freien Platz. Es kommt immer wieder vor, dass gebuchte Reservierungen nicht angetreten werden und die Plätze dann frei bleiben.

Noch ein Hinweis zum Narita Express von Tokyo zum Narita-Airport. Hier müssen Sie reservieren bzw. die Reservierung erfolgt automatisch beim Fahrkartenkauf falls Sie keinen JR Pass haben.

Sie können, wie schon gesagt, alle Züge der JR zu jeder Tageszeit benutzen. Liegewagenplätze sind aber nicht im Preis inbegriffen. Diese müssten Sie vor Ort hinzubuchen.

Der Shinkansen und andere Züge

Die Pünktlichkeit der Züge in Japan ist mit den Erfahrungen, die man aus Deutschland mitbringt, nicht zu vergleichen. Sehr selten vorkommende Verspätungen der Shinkansen liegen im Sekundenbereich. Die Ursache hierfür liegt sicher im vom Nah- und Güterverkehr getrennten Hochgeschwindigkeitsstreckennetz und der geringen Störungsanfälligkeit der Shinkansen. Ausnahmen bilden lediglich Erdbeben, da hier die Züge automatisch gestoppt werden.

Bahnsteigmarkierungen für Shinkansenpassagiere

Nutzen Sie in regionalen Bereichen, wie z. B. dem Großraum Tokyo, wenn möglich Rapid oder Special-Rapid-Service-Züge. Sie halten nicht wie die Local-Züge an jeder Station. Diese Verbindungen gibt es sogar im S-Bahn-Netz von Tokyo.

Wenn Sie auf dem Bahnsteig sind, werden Sie feststellen, dass Zugnummer und Endstation sowohl in japanischer als auch lateinischer Schrift angezeigt werden. Auf dem Boden sind Markierungen angebracht, die Ihnen zeigen, wo genau sich die Tür zum Wagon befinden wird. Die Züge halten genau an der Position, die am Bahnsteig angezeigt wird. Stellen Sie sich einfach genauso an, wie es die Japaner machen. In Japan wird nicht gedrängelt und die extrem kurzen Haltezeiten erfordern Disziplin. Wenn Sie unsicher sind, ob Sie auf dem richtigen Bahnsteig sind, zögern Sie nicht, einen anderen Reisenden oder einen Bahnmitarbeiter zu fragen.

Shinkansen haben an beiden Enden des Zuges einen Führerstand, deshalb sehen sie von beiden Seiten gleich aus. Wenn ein Zug den Zielbahnhof erreicht hat, drehen sich die Sitze in die neue Fahrtrichtung bevor die Passagiere nach der Zugreinigung einsteigen.

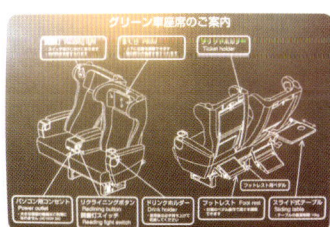

Lokalzüge haben im Inneren oft nur Anzeigen in japanischer Schrift. Da hilft es nur, an den Stationen aus dem Fenster zu sehen, denn nach unserer Erfahrung werden auf den Bahnsteigen aller Bahnen und U-Bahnen die Namen der aktuellen, folgenden und vorhergehenden Stationen auch in lateinischer Schrift angezeigt.

Sitze wie im Flugzeug: Damit in der 1. Klasse eines Limited Expresszuges nichts schiefgeht, findet man an den Sitzen eine Gebrauchsanweisung

Mit allzu großem Gepäck kann es im Shinkansen schon mal eng werden. Für kleinere und mittlere Koffergrößen reichen in der Re-

Auf den Schienen Japans sind die unterschiedlichsten Zug-Typen unterwegs. Das Foto zeigt einen Expresszug der JR-Kyushu Railway Company

gel die Gepäckfächer über den Sitzen. Für richtig große Koffer gibt es eigentlich nur die Möglichkeit, diese hinter die letzte Sitzreihe im Wagon zu stellen. Hier können maximal 4 Koffer abgestellt werden. Bisher haben wir nie ein Problem gehabt, da Japaner meistens mit relativ kleinem Reisegepäck reisen. In der Woche sind viele Geschäftsreisende unterwegs, die kaum Gepäck mithaben.

Es ist durchaus üblich, im Shinkansen zu essen. Spezielle Speisewagen gibt es nicht. Während der Fahrt werden auch Snacks und Getränke angeboten. Auch auf den Zugängen zu den Shinkansen-Bahnsteigen oder in den Bahnhöfen gibt es immer entsprechende Verkaufsstände, um ein Bento-Paket oder Anderes zu erwerben.

Auf unserer ersten Reise haben wir einfach nicht gewusst, dass der JR-Pass auch in vielen lokalen Zügen (S-Bahn) in Tokyo gültig ist und brav bezahlt. Das übt zwar im Umgang mit Streckenplänen und Fahrkartenautomaten, ist aber ein teures Lehrgeld gewesen.

Bahnen ohne JR-Pass benutzen

Für den Fall, dass Sie z. B. an einer Übergangsstation der Ringlinie in Tokyo (Yamanote-Line) in eine Bahn eines anderen Betreibers wechseln wollen, gehen Sie einfach zum Schalter und fragen nach dem erforderlichen Ticket. Eine andere Möglichkeit ist es, sich am Automaten das billigste Ticket zu kaufen und am Zielbahnhof am Schalter oder am Nachzahlautomaten vor der Schranke einfach nachzuzahlen. Das Nachzahlen am Zielbahnhof ist durchaus üblich und kein Problem.

Wenn Sie Bahnen privater Linien oder z. B. die U-Bahn in Tokyo, die nicht zur JR-Gruppe gehören, benutzen oder eine JR-Bahn ohne Rail-Pass nutzen, muss vorher ein Ticket erworben werden.

Bei jedem Japan-Aufenthalt steht man bei der ersten Bahnfahrt ohne JR-Pass wieder am Fahrkartenautomat und fragt sich, wie man an die Karte kommt. Wenn man dann herausgefunden hat, wie das Menü der Automaten auf Englisch umgeschaltet wird, ist man schon ein Stück weiter. Zur Vorbereitung finden Sie auf YouTube auch Videos zur Bedienung der Automaten. Sie werden sehen, dass es nicht schwer ist. Üblicherweise hängen über den Automaten Streckenpläne, die auch Preisangaben enthalten. Leider weisen diese Pläne nicht immer zusätzlich lateinische Schrift auf. In diesen Fällen bleibt Ihnen nur die Möglichkeit zu fragen, oder wie schon gesagt, das preiswerteste Ticket zu kaufen. Unter „Nützliche Links" finden Sie Hinweise zum Download von Plänen in lateinischer Schrift. Eine noch einfachere Variante bei Fahrten ohne JR-Pass ist die Nutzung von Suica- oder Pasmo-Prepaidkarten.

Die Bahnhöfe sind zum Betreten der Bahnsteige mit Schrankensystemen ausgestattet. Am Anfang der Schranke stecken Sie Ihre Fahrkarte in den Eingabeschlitz des Schrankensystems und Sie können passieren. Das wichtigste für Sie ist jetzt, dass Sie die Fahrkarte am Ende des Durchganges wieder entnehmen. Denn am Zielbahnhof müssen Sie beim Verlassen das Ticket wieder in den Eingabeschlitz einwerfen um zu passieren. Sollte der bezahlte Fahrpreis Ihrer Karte nicht reichen, kommt die Karte wieder heraus und Sie müssen die Differenz nachzahlen.

Trotz des extrem gut ausgebauten JR-Streckennetzes ist die Benutzung der privaten Bahnlinien manchmal nicht zu vermeiden oder einfach nur schneller. Hier müssen Sie sich dann ein Ticket am Schalter oder Automaten kaufen. Bisher sind wir aber immer auf hilfsbereite Bahnmitarbeiter gestoßen.

Suica- oder Pasmo-Prepaidkarten

Falls Sie – warum auch immer – keinen JR-Pass haben oder bei einem längeren Tokyo-Aufenthalt auf die nicht im JR-Pass eingeschlossene U-Bahn angewiesen sind, ist es sinnvoll, sich eine Suica- bzw.

Auch, wenn es auf den ersten Blick verwirrend aussieht, es ist gar nicht so schwer, den Fahrkartenautomaten zu bedienen

Achtung, lassen Sie sich nicht täuschen: Die Sperren gehen blitzschnell zu, wenn keine Fahrkarte benutzt wird. Nach dem Passieren der Zugangsschranke bitte unbedingt die Fahrkarte wieder mitnehmen

Bahnhof in Kyoto: Fahrgäste warten an markierten Punkten

Pasmo-Prepaidkarte (siehe „Nützliche Links") zu kaufen. Diese wiederaufladbaren Chipkarten ermöglichen Ihnen ein bargelloses Bahn- und teilweise auch Busfahren und ersparen Ihnen dann auch die Preisauswahl am Automaten für die anstehende Fahrt. Sie legen die Karte einfach beim Passieren des Schrankensystems auf das hierfür vorgesehene Feld. Am Ende der Schranke wird beim Verlassen in einem Display das noch vorhandene Guthaben angezeigt.

Bevor Sie Japan verlassen, können Sie sich noch vorhandenes Guthaben und Kartenpfand gegen eine geringe Gebühr auszahlen lassen: für Pasmo-Karten in den Büros der Metrostationen und für Suica-Karten in JR-Ticketbüros. Falls Sie Japan erneut besuchen wollen, behalten Sie die 10 Jahre gültige Karte einfach.

Bahnhöfe

Sie werden in japanischen Bahnhöfen keine Gepäckträger finden. In den größeren Bahnstationen gibt es Rolltreppen und Aufzüge. Auf dem Land sieht es dann manchmal schon anders aus.

Es gibt zumindest an größeren Bahnhöfen Gepäckaufbewahrungsstationen. Erkundigen Sie sich bei einem Zwischenstopp aber unbedingt genau, wie lange diese geöffnet haben. Große Schließfächer gibt es meistens nur an großen Bahnhöfen und es ist nicht immer leicht, ein freies Fach zu finden. Wie bereits erwähnt, reisen wir nur zum ersten Hotel mit dem gesamten Gepäck. Alle weiteren Fahrten erfolgen dann sternförmig vom Übernachtungsort ohne bzw. mit reduziertem Gepäck.

Fremdenverkehrsbüros oder auch Infopunkte mit Broschüren finden Sie in oder an vielen Bahnstationen.

Die Bahnhöfe sind zum Teil riesig. Hinzu kommt, dass sich Kaufhäuser, Shopping- oder Essmeilen oft nahtlos an die Bahngebäude anschließen. Der Bahnhof von Kyoto ist hierfür ein gutes Beispiel. Direkt angeschlossen ist das große Isetan Kaufhaus und in unteren Etagen eine große Ansammlung von Läden und Restaurants. Lassen Sie sich überraschen.

Es wird Sie nicht verwundern, dass riesige Bahnhöfe auch viele Ausgänge haben. Fragen Sie einen Bahnmitarbeiter oder Passanten nach dem Weg, bevor Sie sich im Labyrinth verlaufen. Sie finden aber auch im Internet Pläne von großen Bahnhöfen.

Dieselbe Zuganzeige einmal auf Japanisch und einmal auf Englisch

Zugverbindungen mit HyperDia finden

Sie werden beim Lesen festgestellt haben, dass wir (insbesondere meine bessere Hälfte) sehr Internet bezogen an die Reiseplanung gehen. Also planen wir bereits hier, wann und wohin wir mit welchem Zug fahren wollen und ob das Ziel überhaupt in einer angemessenen Zeit erreichbar ist. Es ist kaum zu glauben, aber das ist auch ohne Kenntnisse der japanischen Sprache gar nicht so schwer.

Die Internetseite HyperDia (siehe „Nützliche Links") gibt Ihnen die Möglichkeit, Zugverbindungen einschließlich der privaten Bahnstrecken zu finden. Außerdem werden auch Busverbindungshinweise und Inlandsflugverbindungen angezeigt. Zusätzlich zu den möglichen Verbindungen finden Sie hier auch bei den aufgeführten Bahnstationen einen Link zu Google Maps. Ich benutze diese Möglichkeit gerne um herauszubekommen, ob ich die richtige Bahnstation gewählt habe. Es hilft für eine günstigere Verbindung auch, sich die Fahrpläne („Interval-Timetable") anzusehen, die Sie hier ebenfalls finden. Aber normalerweise reichen die Angaben der Suchmaschine so aus.

Wenn sich bei Ihrer Suche Fehler eingeschlichen haben, werden Ihnen die Bahnmitarbeiter beim Buchen der Tickets oder Reservierungen entsprechende Hinweise geben. Es gibt inzwischen an einigen großen Bahnhöfen auch spezielle Schalter für Touristen mit JR-Pass.

Busfahren

An die Benutzung von Bussen, die nicht mit dem JR-Pass frei nutzbar sind (und das ist der Regelfall), muss man sich gewöhnen. Das Busfahren unterscheidet sich schon stark von unseren Gepflogenheiten.

In Japan steigen Sie fast immer hinten in den Bus ein. Dafür steigen Sie vorne beim Fahrer aus. Neben dem Einstieg befindet sich normalerweise ein kleiner Automat, aus dem Sie eine Nummer ziehen müssen. Die Zahl auf dem kleinen Zettel ist die Nummer Ihrer Einstiegsstation. Aber wir haben auch schon mal Busse benutzt, bei denen man vorne einsteigen musste. Also wie immer, keine Regel ohne Ausnahmen. Ist bei uns ja auch nicht anders.

Über dem Fahrer befindet sich meistens eine elektronische Anzeige, auf der Sie Ihre Nummer und eine Preisangabe in Yen sowie den Namen der nächsten Station finden. Leider haben diese Anzeigen teilweise nur japanische Schriftzeichen für die Stationsnamen. Wenn Sie sich nicht sicher sind, wo Sie aussteigen müssen, fragen Sie einfach den Fahrer; wir haben bisher immer Hilfe erhalten. Alle paar Stationen erhöht sich der Betrag unter Ihrer Nummer auf der Anzeige und damit auch Ihr Fahrpreis. Bei längeren Fahrstrecken mit vielen Haltestellen wird der Fahrpreis nicht immer direkt in Yen, sondern eventuell auch mit Hinweis auf einen Multiplikator angezeigt.

Sie sollten beim Busfahren möglichst Kleingeld dabeihaben. Es gibt meistens auch Wechselautomaten, die aber nur 1.000 Yen Scheine und Kleingeld wechseln. Uns dummen „Gaijin" musste einmal ein Busfahrer aus seiner privaten Geldbörse einen 10.000 Yen-Schein wechseln. Diese Peinlichkeit sollte man vermeiden. Der zu zahlende Betrag wird dann beim Verlassen des Busses mit dem beim Einstieg gezogenen Nummernzettel in den entsprechenden Einwurf beim Fahrer gelegt.

Keine Regel ohne Ausnahme. So zum Beispiel in Kyoto. Hier galt im gesamten Stadtgebiet 2013 der gleiche Preis von 230 Yen.

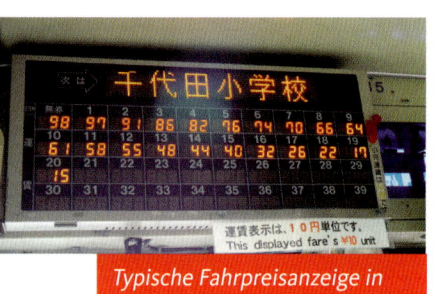

Typische Fahrpreisanzeige in einem japanischen Bus

Die Toei-Stadtbusse decken die Hauptgebiete der Stadt Tokyo ab. In der Regel ist jedoch die Nutzung des U- und S-Bahn-Netzes günstiger, da es hier keine Staus gibt

Kyotoer Busse mit Nummernzettelausgabe fahren aber auch in die Außenbezirke. Unter Umständen lohnt sich gerade in Kyoto ein Tagesticket, das damals 500 Yen kostete. Sollten Sie über den inneren Bezirk hinausfahren, können Sie die Preisdifferenz zuzahlen.

Tagestickets gibt es auch in anderen Städten, wie z. B. in Nagasaki oder Hakodate für die Tram. Einfach vor Ort in der Touristeninformation erkundigen. Auf Kyushu gab es auch Kombitickets, die Eintrittsgelder einschließen. In touristisch gut erschlossenen Orten gibt es oft auch Ringlinien mit den unterschiedlichsten Preismodellen (z.B. pro Aussteigen 100 Yen oder Tageskarten usw.), die die Sehenswürdigkeiten anfahren.

Bleiben Sie nicht an der Bushaltestelle sitzen, wenn Ihr Bus kommt. Stehen Sie auf, damit der Fahrer Sie sieht. Weitere Aktivitäten sind nicht notwendig und auch nicht üblich.

Busverbindungen außerhalb von Städten zu finden ist nicht ganz so einfach. Suchbegriffe wie „Timetable" oder „Schedule" verbunden mit Ortsnamen evtl. ergänzt mit „from/to" bringen manchmal brauchbare Ergebnisse. Auch auf Homepages von örtlichen Tourismusbüros findet man unter Umständen Informationen.

Noch eine Bitte, verifizieren Sie eventuell bereits im Internet gefundene Zeitangaben vor Ort. Wir haben festgestellt, dass sich Zeiten manchmal sehr kurzfristig ändern. Ticketschalter und Touristenbüros halten fast immer Busfahrpläne zum Mitnehmen bereit.

Kapitel 5
Sehenswertes – Reiseziele

Kinkaku-ji, der „Tempel des Goldenen Pavillons", in Kyoto gehört zu den beliebtesten Fotomotiven in Japan

Keine Angst vor Japan

Sehenswertes – Reiseziele

Wohin soll es gehen?

Dies ist sicher eine Frage, die nicht so einfach zu beantworten ist. Es kommt ja darauf an, wie reisefreudig Sie sein wollen und wo Ihre Interessen liegen. Bei den in diesem Buch genannten Zielen und Sehenswürdigkeiten aus unseren Reiseplanungen handelt es sich nicht um ein Pflichtprogramm, und selbstverständlich bieten alle Landesteile auch andere interessante und besuchenswerte Orte. Beachten Sie bei der Betrachtung der genannten Ziele auch, dass es sich um Eindrücke aus sechs Japanreisen handelt. Aufgrund der Wegezeiten oder einer zu umständlichen Anreise ist auch nicht jedes Ziel für eine erste Reise geeignet. Bei uns hat sich die Auswahl von Zielen und Aktivitäten im Laufe der Jahre verändert. Wenn man Kulturdenkmäler, wie Tempel oder Samurai Häuser schon diverse Male besichtigt hat, ist es einfach nicht mehr ganz so interessant.

Tipps zu Verkehrsmitteln und Fahrzeiten sollen Ihnen einen Anhaltpunkt geben und bei der Planung helfen. Bedenken Sie auch, dass sich Fahrpläne im Laufe der Zeit ändern. Der Erfolg Ihrer Reise liegt zu einem sehr großen Teil in der gründlichen Vorbereitung. Aber es ist immer sinnvoll, die Angaben vor Ort nochmals zu hinterfragen.

Unberührte Natur, Städte, Burgen und Paläste laden genauso ein wie Parks oder Onsen. Etwas Besonderes ist aber sicher der Besuch eines japanischen Volksfestes (Matsuri).

Städte wie z. B. Tokyo oder Kyoto haben so viel zu bieten, dass man hier seinen gesamten Urlaub verbringen könnte. Allerdings wäre das in Bezug auf Kyoto eventuell eine Fehleinschätzung. Bitte verstehen Sie diese Aussage nicht falsch. Wir waren schon vier Mal

Strohpferd vor traditionellem Haus in Tsumago

dort und haben noch immer nicht alles gesehen. Das Problem ist hierbei meine „Tempelfähigkeit". Nach einer gewissen Anzahl besichtigter Tempel fange ich an zu streiken, auch wenn gerade diese Stadt in dieser Hinsicht Wunderbares bietet.

Planen Sie Ihre Reise abwechslungsreich, damit es nicht zu eintönig wird. Wenn die Füße in Tokyo vom Pflastertreten mal müde sind, können Sie ja zwischendurch eine Flussfahrt auf dem Sumida machen. Zudem ist es sinnvoll immer etwas mehr als nötig zu planen, falls das Wetter oder andere Umstände eine Änderung erforderlich machen. Wir haben daher immer eine Auswahl von Indoor-Aktivitäten, wie zum Beispiel eine Brauerei- oder Museumsbesichtigung, in der Hinterhand. Auch der Besuch von Kaufhäusern ist empfehlenswert. Besonders interessant fanden wir immer die Lebensmittelabteilungen.

Wir sind mit jeder Reise mutiger geworden und haben selbst für Japaner exotische Ziele aufgesucht. Wenn Sie Japan nur einmal besuchen wollen, werden Sie sich sicher auf eine Auswahl der üblichen touristischen Ziele beschränken. Aber wer weiß, vielleicht gefällt Ihnen ja auch etwas, was man nicht so einfach erreichen kann.

Wie bereits erwähnt, planen wir unsere Reisen immer so, dass wir sternförmig von einem Quartier Teile des Landes erkunden können. Ob Sie nun den von uns vorgeschlagenen Ausgangspunkt wählen oder nicht, bleibt selbstverständlich Ihnen überlassen. Unter Umständen gefällt Ihnen ein Nachbarort viel besser. So haben wir zum Beispiel auch schon Tempel in Kyoto von Osaka aus (Bahnfahrt zwischen 30 und 60 Minuten) besichtigt, da dies besser in unsere Gesamtplanung passte. Also: Ihrer Kreativität sind hier aufgrund der guten Bahnverbindungen kaum Grenzen gesetzt.

Wenn keine besonderen Gründe vorliegen würde ich Ihnen gerade für eine erste Japanreise empfehlen, sich auf die Großräume Tokyo und Kyoto/Osaka zu beschränken. Hier können Sie Ihre Ziele gut und bequem mit öffentlichen Verkehrsmitteln erreichen.

Erscheint Ihnen eine Aktivität zu kompliziert, besteht sicher auch die Möglichkeit sich von einem örtlichen Reiseunternehmen einen Ausflug organisieren zu lassen. Den einen oder anderen Hinweis auf Veranstalter finden Sie unter „Nützliche Links".

> **Ein Hinweis zu Tempeln, Schreinen und Burgen**
>
> Sie werden in Reiseführern und auch in diesem Buch unter Umständen auf Jahreszahlen stoßen. Diese beziehen sich fast immer auf die Ersterrichtung des Bauwerkes. Üblicherweise werden historische Gebäude in Abständen renoviert bzw. wenn erforderlich, auch völlig neu originalgetreu wiederhergestellt. Die Haltbarkeit von Holz und Farbe ist eben begrenzt.

Keine Angst vor Japan

Die Burg von Matsumoto

Zentraljapan: Kanto und Chubu

Tokyo

Abgesehen davon, dass Tokyo sicher oft Ausgangs- bzw. Endpunkt einer Japanreise ist, sollten Sie auf jeden Fall der Stadt oder besser gesagt der Metropole einen Teil Ihrer Reisezeit widmen. Tokyo ist faszinierend, pulsierend und riesig. Wunderschöne Parks neben Hochhäusern und Kaufhäusern und typische japanische Kulturgüter wie Tempel und Schreine neben mit leuchtender und lautstarker Werbung lockenden Einkaufsstraßen finden Sie hier. In einigen Stadtvierteln entdecken Sie auch noch enge Gassen mit alten Häusern.

Auch das Nachtleben kommt in Städten wie Tokyo nicht zu kurz. Es gibt Bars, Bierhallen, Konzerte und vieles mehr. Sicherlich ist für jeden Geschmack etwas dabei.

Jedes Mal, wenn wir bei der Vorbereitung einer Japanreise sind, entdecken wir etwas Interessantes, was wir in Tokyo noch nicht kennen. U-Bahn und die Stadtbahnen sind für Tokyo die besten Verkehrsmittel. Sie kommen schnell und sicher überall hin. Wenn man sich erst mal mit den Streckenführungen vertraut gemacht hat, geht es ganz einfach. Die Taktfrequenz der Züge ist viel dichter als bei uns. Teilweise fahren Züge im Abstand weniger Minuten. Zur Vorbereitung finden Sie unter „Nützliche Links" Downloadhinweise für Streckenpläne.

Wenn Sie Tokyo zum ersten Mal besuchen, sollten Sie sich die Yamanote-Linie merken. Sie ist eine der wichtigsten Bahnlinien in Tokyo und verbindet in einem Kreis die großen Stadtzentren. Eine Fahrt des gesamten Kreises dauert etwa eine Stunde. Als JR-Passinhaber können Sie auch diese Linie benutzen. Die Züge fahren alle paar Minuten in jeder Richtung. Aber mit etwas Erfahrung werden Sie schnell herausfinden, dass es auch viele Express-Querverbindungen gibt. Im Großraum Tokyos kann es für Sie als JR-Pass-Inhaber eventuell auch Sinn machen, für ein paar Stationen mal in den Shinkansen zu steigen. Eine weitere Möglichkeit, Teile von Tokyo kennenzulernen, sind von lokalen Veranstaltern angebotene Fußgängertouren.

Nachfolgend ein paar Informationen zu einigen touristisch interessanten Stadtvierteln. Natürlich gibt auch in nicht erwähnten

---

Meine Highlights in Zentraljapan

Tokyo
- Sensoji-Tempel in Asakusa
- Harajuku mit Yoyogi-Park, Meiji-Schrein und Meiji-Park
- Die pulsierenden Stadtteile Shibuya und Shinjuku
- Kaiserpalast und die kaiserlichen Gärten
- Blick vom Tokyo-Skytree über Tokyo

Kanto und Chubu
- Nikko mit den drei Affen am Toshogu-Schrein
- Der große Buddha und viele Tempel in Kamakura
- Historische Bauten und einer der schönsten Gärten in Kanazawa
- Eine Rundfahrt durch Hakone
- Die Burg von Matsumoto und das Kiso-Tal

Stadtbezirken einiges zu erkunden. Sehen Sie mir bitte nach, wenn ich nicht auf alle Gärten, Tempel und Schreine in diesem Buch hinweisen kann. Es gibt einfach zu viele.

Akasaka

Akasaka liegt südlich des Kaiserpalastes und ist von Büro- und Regierungsgebäuden geprägt. Früher war der Stadtteil als exklusives Vergnügungsviertel für Politiker und Regierungsbeamte bekannt. Hier soll es noch Clubs geben, in denen Sie nur auf Empfehlung Einlass finden.

Am Ende der Durchgangsstraße Sotobori-Dori findet man den Hie-jinja Schrein und an der Yasukuni-Dori liegt das Gelände des Yasukuni-Schreins. Dieser Schrein in der Nähe des Kaiserpalastes ist eine Gedenkstätte für 2,5 Millionen Japaner, die in den Kriegen getötet wurden. Vor dem Hintergrund der Tatsache, dass hier auch hochrangiger Kriegsverbrecher gedacht wird, gerät dieser Schrein regelmäßig in die Kritik, wenn japanische Regierungschefs oder Politiker ihn zu offiziellen Anlässen aufsuchen.

In der Nähe des Suntory-Kunstmuseums liegt an der Aoyama-dori dann noch der Toyokawa-Inari-Schrein mit seinen roten Bannern und Laternen.

Akihabara: Junge Frauen werben in Dienstmädchenkleidung für ein sogenanntes Maid-Café

Akihabara

Einfach ausgedrückt ist Akihabara die Einkaufsoase für technische Artikel in Tokyo. Große und auch kleine Geschäfte bieten alles rund um PC und Smartphone. Nach meiner Erfahrung sind die Angebote aber nicht immer preiswert und auch nicht unbedingt für den heimischen Gebrauch geeignet. Achten Sie vor allem darauf, dass Sie Geräte mit deutschen Tastaturen und Netzteilen bekommen.

Es gibt auch viele Shops für Anime- (japanische Zeichentrickfilme) und Manga-Liebhaber (japanischen Comics) sowie Fanshops mit Produkten zu japanischen Popstars. Hinzu kommt, dass Akihabara quasi die Wiege der Maid-Cafés ist. In den Straßen sieht man Mitarbeiterinnen dieser Cafés, die überwiegend im Dienstmädchenoutfit Werbung für ein Maid-Café machen.

REISEZIELE – ZENTRALJAPAN

Asakusa-Matsuri am Sensoji-Tempel in Tokyo

Asakusa

Attraktion dieses Stadtteils ist eindeutig der Sensoji-Tempel, der auch Asakusa Kannon-Tempel genannt wird.

Den Tempel erreichen Sie nach Passieren des Donnertores (Kaminari-mon) in dem Sie durch die Einkaufsstraße Nakamise-dori gehen. Hier finden Sie eng aneinander gereiht Stände, die überwiegend touristische Artikel verkaufen. Am Ende der Straße steht dann der Tempel und links daneben ragt eine fünfstöckige Pagode in den Himmel. Rechts neben dem Sensoji liegt noch der Asakusa-Jinja-Shinto-Schrein. Hier findet jedes Jahr im Mai ein großes Tempelfest statt, das Asakusa-Matsuri.

In den Straßen in der Umgebung des Tempels ist es auch noch einiges zu sehen. Es gibt zum Beispiel kleine Geschäfte für Kunsthandwerk und Nachbildungen von Speisen für Restaurantschaufenster. In der Umgebung der Nakamise-Dori gibt es Arkaden, die

Ginza in Tokyo bei Nacht

zum Shoppen und Essen einladen. Wenn Sie genug vom Pflastertreten haben, machen Sie doch einfach ein paar Schritte an den Sumida-gawa. Hier befindet sich eine Anlegestelle, die zu einem Ausflug mit dem Schiff auf dem Sumida einlädt. Wir sind von hier einmal zum Hama-Rikyu-Onshi-Park gefahren, um einen völlig anderen Blick auf die Stadt zu erhalten.

Ginza

Wenn man an den Stadtteil Ginza denkt, meint man meistens nicht den bekannten Fischmarkt Tsukiji, sondern die Einkaufsmeile Ginza. Hier finden Sie japanische Geschäfte, die eine lange Tradition haben und westliche Nobelmarken nebeneinander. Außerdem ist die Gegend mit ihren zahlreichen Theatern und vielen Galerien eine Welt der Kunst und in exklusiven Clubs unterhalten Hostessen gekonnt ihre Gäste.

Im Sony Building kann man sich eine Ausstellung der neuesten elektronischen Geräte ansehen. Ihren Hunger können Sie hier in teuren japanischen Restaurants stillen oder Sie gehen ein paar Schritte in eine der Nebenstraßen. Dort ist es oft erheblich preiswerter und es schmeckt ebenso gut.

Harajuku

Wenn Sie den immer vollen Bahnhof Harajuku am Sonntag verlassen, werden Ihnen unter Umständen bei gutem Wetter die oft fantasievoll verkleideten Jugendlichen auffallen, die sich auf der Brücke vor dem Eingang zum Meiji-Schrein oder dem Eingang zum Yoyogi-Park aufhalten. Auch im Park werden Sie viele Jugendliche in den unterschiedlichsten Aufmachungen sehen. Lassen Sie sich einfach überraschen.

Linker Seite des Yoyogi-Parks (aus Richtung des Bahnhofes gesehen, hinter den Veranstaltungshallen) finden am Sonntagnachmittag auch Open-Air-Veranstaltungen statt. Wir hatten hier schon mal das Vergnügen ein tolles Taiko-Konzert (japanische Trommler) oder auch gute Rockmusik zu hören oder einen Flohmarkt zu besuchen. Aber auch im angrenzenden Park (eine Fußgängerbrücke verbindet Park und Veranstaltungsfläche) ist es sonntags nicht langweilig. Jugendliche üben bei Rekordermusik Tanzschritte oder

Boutique in der Takeshita-dori in Harajuku, Tokyo

posieren für Fotos. Es gibt auch Gruppen, die Gymnastik oder Tai-Chi-Übungen machen.

Harajuku ist neben Shibuya der Ort für Trends der japanischen Jugend. Das gewaltige Angebot an Modeartikeln, die überfüllte Einkaufsstraße Takeshita-dori sowie die etwas ruhigere Omotesando laden zu einem Spaziergang ein, inklusive Shoppen und Speisen. Falls Sie am Erwerb preiswerter Keramik interessiert sind, finden Sie auf der rechten Seite der Omotesando (aus Richtung des Bahnhofes Harajuku gesehen) den Orient-Basar. Aber Vorsicht, Porzellan ist schwer und Übergepäck ist teuer!

Ikebukuro

Ikebukuro ist ein Stadtteil zum Einkaufen und der gastronomischen Genüsse. Markenzeichen von Ikebukuro ist der Häuserkomplex Sunshine City. Hier gibt es unter anderem Einkaufsmöglichkeiten, Aussichtsplattformen und ein Aquarium. Das Sunshine International Aquarium im 10. Stock des World-Import-Mart-Gebäudes soll das höchst gelegene Aquarium der Welt sein. Sie können hier ca. 60.000 Fische und andere Tierarten wie Pinguine, Seelöwen und Otter beobachten. Ich frage mich bei den letztgenannten Tierar-

Tokyo-Station im Stadtteil Marunouchi

ten schon, ob man diese im 10. Stock auf der Terrasse eines Hochhauses halten sollte.

In Reiseführern werden Sie unter Umständen noch einen Hinweis auf das Toyota Amlux finden. Dieses Autohaus der Superlative wurde im Zusammenhang mit der Eröffnung des Mega Webs auf Odaiba inzwischen geschlossen.

Kanda

Sucht man Informationen über Kanda, stößt man meistens zuerst auf das Buchladenviertel mit seinen vielen kleinen Läden. Hier findet man aber nicht nur Bücher. Es gibt z. B. auch Läden, die Holzschnitte anbieten. Erwähnenswert ist der Kanda-Myojin-Schrein, dessen Geschichte über 1000 Jahre zurückreicht. Hier findet alle zwei Jahre Mitte Mai das Kanda-Matsuri statt, eines der wichtigsten Tempelfestivals Tokyos.

Kanda hat noch zwei weitere Schreine zu bieten, den Yushima Seido-Schrein (ist dem chinesischen Weisen Konfizius geweiht) und den Yushima-Tenjin-Schrein. Bei noch etwas mehr Bedürfnis an Kultur können Sie sich ja noch die St. Nikolai-Kathedrale, eine russisch-orthodoxe Kirche ansehen.

Marunouchi und Hauptbahnhof Tokyo

Hier finden Sie ein großes Angebot von Geschäften, Restaurants und Cafés. Das Backsteingebäude des Hauptbahnhofs von Tokyo wurde 1914 fertiggestellt. Das nach dem Vorbild des Amsterdamer Bahnhofes errichtete Gebäude liegt unweit des Kaiserpalastes.

Odaiba

Die künstlich aufgeschüttete Insel Odaiba erfreut sich großer Beliebtheit. Hier kann sich die ganze Familie vergnügen. Es gibt einen herrlichen Ausblick auf die Skyline von Tokyo, Einkaufsmöglichkeiten und gastronomische Angebote. Im Mega Web können Sie neueste und historische Fahrzeuge der Firma Toyota in einem besonderen Ambiente sehen.

Eine der großen Attraktionen ist Oedo Onsen. Allerdings ist dies kein Onsen, wie ich es mir als Japanreisender vorstelle. Aber wie bereits an anderer Stelle gesagt, die Geschmäcker sind ja verschieden. Auf jeden Fall kann man hier mit der Familie einen Badetag einlegen, wenn Souvenirstände und ähnliches nicht stören.

Wenn man nicht gerade ins Mega Web oder in das Oedo Onsen will, kann man sich Odaiba aber auch sparen.

Roppongi

Roppongi liegt im Umfeld von Botschaften, internationalen Unternehmen und Regierungsstellen. Früher war es nur für sein ausschweifendes Nachtleben bekannt. Auch heute findet man in dem auch auf ausländische Gäste ausgerichteten Viertel noch viele Bars und Clubs, aber auch gute Restaurants und Einkaufsmöglichkeiten fehlen nicht. Es gibt riesige Gebäudekomplexe wie Tokyo Midtown und Roppongi Hills. Insbesondere die Entstehung der Roppongi Hills hat sicher mit zum Wandel des Stadtteils beigetragen. Heute ist Roppongi zu einem Treffpunkt von international orientierten jungen Japanern und Ausländern geworden.

Tokyo-Tower in Roppongi

Shinjuku: Ein pulsierender Stadtteil in Tokyo

Touristisch ist der Tokyo Tower interessant, ein buntes Abbild des Pariser Eifelturms. Er gilt als der größte freistehende Eisenturm der Welt und überragt das Pariser Gegenstück um ein paar Meter, obwohl er leichter ist. Der Turm kann besichtigt werden und bietet eine schöne Sicht über die Stadt.

Shibuya

Shibuya ist ein bei jungen Leuten im Trend liegender Stadtteil. Kaufhäuser und Geschäfte prägen genauso wie Cafés und Restaurants das Bild. Rund um den Bahnhof tobt das Leben und leise ist es nicht.

Wenn Sie am Bahnhof Shibuya den Ausgang Hachiko wählen, finden Sie die Hauptsehenswürdigkeit direkt vor dem Bahnhof. Die Statue des treuen Hundes Hachiko wird fast immer von Touristen und Einheimischen umlagert. Hachiko, der Hund eines Professors der Universität Tokyo, wartete jeden Tag am Bahnhof auf die Rückkehr seines Besitzers. Als dieser 1925 starb, kam der Hund Hachiko trotzdem jeden Tag zum Bahnhof und wartete vergeblich auf ihn. Zu Ehren des Hundes, der seinem Herrchen über den Tod hinaus die Treue hielt, wurde später besagte Statue auf dem Bahnhofvorplatz errichtet. Die Geschichte des Hundes wurde 2009, allerdings nach Amerika verlegt und mit Richard Gere in der Rolle des Professors mit dem Titel „Hachiko – Eine wunderbare Freundschaft" verfilmt.

Vor dem Hachiko-Ausgang befindet sich auch einer der größten Fußgängerüberwege, der stündlich von mehreren tausend Menschen überquert wird. In den Medien wird bei Berichten über Tokyo oft diese Kreuzung gezeigt. Wenn es Ihre Zeit erlaubt, sollten Sie im Starbucks auf der anderen Straßenseite eine kleine Pause machen und die Menschenmassen beobachten, die in alle Laufrichtungen gleichzeitig „Grün" haben. Umgeben von Gebäuden mit riesigen Monitoren mit bewegter Werbung ist die Shibuya-Kreuzung wirklich beeindruckend.

Shinjuku

Dieser Stadtteil wird oft nur in Verbindung mit seinem Rotlichtviertel „Kabuki-cho" erwähnt. Doch dies führt zu einem völlig falschen Eindruck. In der Tat soll das Vergnügungsviertel alles bieten, was man in derartigen Vierteln eben für sein Geld bekommen kann. Aufgrund mangelnder Detailkenntnisse müssen Sie bei Interesse hier Ihre eigenen Erfahrungen machen. Es ist aber sicher empfehlenswert den Lockungen der Türsteher des Rotlichtviertels nicht nachzugeben, um deftige Rechnungen und Schlimmeres zu vermeiden. Es soll hier auch Lokale geben, in denen Fremde und Ausländer nicht erwünscht sind.

Aber Shinjuku ist mehr! Es gibt herrliche Kaufhäuser, viele Lokale, Hotels, schöne Parkanlagen, Wolkenkratzer und einen Bahnhof der Superlative. Äußerlich ist der Bahnhof Shinjuku eher unscheinbar, aber gemessen an den Fahrgastzahlen und seinen Ausmaßen hat er eine kaum noch vorstellbare Größenordnung im Vergleich mit deutschen Bahnhöfen. Über drei Millionen Passagiere strömen jeden Tag durch diesen Bahnhof, ohne dass es zu nennenswerten Störungen kommt.

Das „Tokyo Metropolitan Goverment" in Shinjuku, Tokyo

Die Hachiko-Statue am Hachiko-Ausgang des Shibuya-Bahnhofes

Nicht zu vergessen bei dieser Aufzählung ist das „Tokyo Metropolitan Goverment". Das Gebäude mit seinen zwei Türmen bietet in beiden 45. Etagen eine kostenlose Aussichtsplattform mit einem schönen Blick über Tokyo.

Ueno

Durch den Park gleichen Namens ist Ueno sicher vielen ein Begriff. Aber es ist auch eine Art Kulturzentrum. Es gibt Museen, Kunst- und Musikhochschulen. Auch traditionelle und westliche Restaurants erfreuen sich großer Beliebtheit.

Yanaka

Das nördlich von Ueno liegende Yanaka hat ein besonderes Flair. Hier findet man noch kleine Holzhäuser und alte Straßenlampen. Auch laden viele Tempel und der bekannte Friedhof Yanaka-Reien in der Nähe der JR Station Nippori zum Spazierengehen ein.

Auf dem parkähnlichen Yanaka-Friedhof, wo auch Kirschen in großer Menge blühen, befindet sich das Grab von Tokugawa Yoshinobu, dem letzten Shogun. Wir hatten beim Betreten des Friedhofes das Glück, einen kostenlosen Guide zu finden, der uns mit Erklärungen in Englisch bei unserem Rundgang begleitet hat. Selbstverständlich haben wir uns mit einem kleinen Präsent für diese kostenlose Dienstleistung bedankt.

Wenn Sie Lust haben, können Sie nach dem Besuch des Friedhofs einen Rundgang durch Yanaka machen oder Sie gehen einfach weiter in den schon erwähnten angrenzenden Ueno Park.

Auf dem Yananka-Friedhof in Tokyo stehen imposante Grabmale. Zur Zeit der Kirschblüte wird der Friedhof auch für Kirschblütenparties genutzt

Was gibt es noch in Tokyo zu sehen?

Antiquitäten- und Trödelmärkte in Tokyo
In Tokyo finden am Wochenende gelegentlich Antiquitätenmärkte statt. Eine Übersicht finden Sie auf der Page Go Tokyo (siehe „Nützlich Links"). Einfach mal googeln.

Aquarien

Meeresaquarium Sea Life Park
Das beliebteste Aquarium in Tokyo ist sicher der Sea Life Park. Es liegt im Kasai Rinkai Park und ist leicht mit der Bahn erreichbar. Vom Bahnhof Tokyo fahren Sie mit der Keiyo-Linie zum JR-Bahnhof Kasai-Rinkai-Koen. Nach einem kleinen Marsch durch den Park sind Sie am Aquarium.

Im Edo-Tokyo-Museum gibt es viele Modelle von Lebenssituationen im alten Edo

Shinagawa Aquarium
Ein kleiner Regentipp ist auch das zu den Shinagawa Prince Hotels gehörende Aquarium unweit des Bahnhofes Shinagawa. Das kleine Aquarium bietet den Besuchern auch Vorführungen mit Delfinen und Seelöwen. Den entsprechenden Link finden Sie wie immer unter „Nützliche Links".

Museen
Ob Sie nun einen Regentag im Biermuseum, Schwertmuseum, Edo-Tokyo-Museum oder einem der vielen weiteren Museen verbringen wollen, können nur Sie selbst entscheiden. Es dürfte nicht verwunderlich sein, dass es in einer Metropole wie Tokyo unzählige Museen mit den unterschiedlichsten Ausrichtungen gibt und es muss auch nicht immer ein Regentag sein. So hatten wir im Jahr 2015 an einem sehr heißen Tag die klimatisierten Räume des Edo-Tokyo Museum der schwülwarmen Außenluft vorgezogen. Im Kapitel „Nützliche Links" finden Sie einen Hinweis zum Edo-Tokyo Museum.

Parks (Koen) und Gärten
Der Besuch der Parks oder Gärten kostet meistens ein geringes Eintrittsgeld und Sie müssen die Öffnungszeiten beachten. Es gibt so viele schöne Parks in Tokyo, dass man hierüber sicher ein ge-

sondertes Werk schreiben könnte. Nachfolgend eine Auswahl der unzähligen Parks:

Hama-Rikyu-Onshi-Park

Der Park in der Umgebung des Tsukiji-Fischmarktes liegt in der Nähe des Bahnhofes Shimbashi. Wenn Sie meinem Hinweis zur Anlegestelle am Sumida-gawa im Absatz Asakusa folgen, können Sie hier das Ausflugsschiff wieder verlassen. Einfach vor der Fahrt fragen, ob es möglich ist. Der Rückweg nach dem Parkbesuch zum Bahnhof Shimbashi ist nicht weit.

Der einstige Garten der Tokugawa-Shogune mit Teich und Teehaus lädt – wie alle Parks – zum Verweilen ein. Besonders hinweisen möchte ich auf die uralte Kiefer, die in der Nähe des Ausganges Richtung Shimbashi zu bewundern ist.

Blick auf den Hama-Rikyu-Onshi-Park in Tokyo am Sumida-Fluss

Happo-en Garten

Der hübsch an einem Hang angelegte japanische Garten mit einer Größe von ca. 50.000 qm im Stadtteil Takanawa ist einen Besuch wert. Er bietet alles, was man von einem japanischen Garten erwarten kann. Teehaus, Pavillons und ein schöner Teich laden zum Rasten ein. Ein Highlight ist sicher eine Ausstellung mit alten Bonsais.

Dieser Parkbesuch ist kostenlos. Da im angeschlossenen Hotelkomplex besonders an den Wochenenden Hochzeiten ausgerichtet werden, müssen Sie aber mit zeitweiligen Sperrungen rechnen.

Der Garten liegt in der Nähe der U-Bahnstation Shirokanedai (Namboku Linie oder Toei Mita Linie). Wir haben uns den Park angesehen, nachdem uns ein japanischer Freund auf den Happo-En aufmerksam gemacht hatte.

Inokashira-Park

Auch dieser Park kann ohne Eintrittsgeld aufgesucht werden und ist besonders am Wochenende eine beliebte Oase der Erholung. Ein Platz, an dem man vergessen kann, wie turbulent die Metropole Tokyo ist. Im Vergleich zu anderen Parks, wie zum Beispiel dem Yoyogi-Koen, ist er eher familiär. Ob Sie nun spazieren gehen oder ein kleines Picknick machen wollen, bleibt Ihnen überlassen. Es gibt auch die Möglichkeit auf dem See Tretboot zu fahren oder einen kleinen Zoo zu besuchen. Auch der Benzaiten-Schrein oder die Darbietungen der Künstler im Park laden am Wochenende zum

REISEZIELE – ZENTRALJAPAN

Der Kaiserpalast in den kaiserlichen Gärten

Aufenthalt ein. Wer den Film „Kirschblüten Hanami" von Doris Dörrie gesehen hat, dem werden einige Teile des Inokashira-Parks vielleicht bekannt vorkommen. Vor oder nach dem Parkbesuch sollten Sie noch einen Gang durch die auf der anderen Seite des Bahnhofes Kichijo-ji gelegenen engen Gassen und Einkaufspassagen machen.

Kaiserpalast und kaiserliche Gärten

Am Standort der ehemaligen Edo-Burg in der Nähe des Bahnhofes Tokyo liegt der kaiserliche Palast. Der heutige Palast wurde nach der Zerstörung im 2. Weltkrieg in den 60er Jahren neu aufgebaut. Er ist von den kaiserlichen Gärten umgeben und wird von der kaiserlichen Familie bewohnt.

Der Ostteil des Kaisergartens ist während der Öffnungszeiten frei zugänglich. Das übrige Gelände wurde bisher nur am Geburtstag des Kaisers und am 2. Januar für die Öffentlichkeit geöffnet. Es war aber möglich, beim Kaiserlichen Hofamt (siehe „Nützliche Links") einen Antrag für eine Besucherführung zu stellen. Gemäß einer Mitteilung der Japanischen Fremdenverkehrszentrale soll dieses

Hochzeitsprozession vor dem Meji-Schrein

Verfahren jetzt vereinfacht worden sein. Demnach kann man sich-sich auch einfach am Kikyomon-Tor zu Besucherführungen anmelden. Weitere Informationen findet man auf der Homepage des Kaiserlichen Hofamtes.

Koishikawa Korakuen

Dieser außergewöhnliche Garten, dessen Ursprung im 17. Jahrhunderts liegt, gilt als besondere landschaftlich und historisch wertvolle Stätte. Der durch die chinesische Gartenbaukunst beeinflusste Landschaftsgarten enthält als Garten der Edo-Zeiten den typischen großen Teich und Hügel. Die Vollmond-Brücke „Engetsu-kyo" stammt aus dem 17. Jahrhundert und hat Kriege und Erdbeben überstanden. Den Park erreicht man in wenigen Minuten von der JR-Iidabashi Station der JR-Sobu-Linie.

Meiji Park und Meiji-Schrein

Quasi auf der Rückseite des Bahnhofs Harajuku liegt der Eingang zum Meiji-Park. Im Vergleich zum nahen Yoyogi-Park herrscht auf

Blick vom Aussichtpunkt in den Rikugien-Garten in Tokyo

dem weitläufigen Gelände des Schreins Meiji-Jingu schon fast eine heilige Stille, die einen den Lärm der Großstadt vergessen lässt. Die Parkanlage des erst 1920 zu Ehren des verstorbenen Kaisers Meiji errichteten Shinto-Schreins betritt man durch ein großes Tor, das „Ichi-No-Torii". Der Schrein selbst ist nur ein kleiner Teil der weitläufigen Anlage, die einen schönen Irisgarten (Blüte ca. Ende Mai/Anfang Juni) beherbergt.

Mit etwas Glück kann man festlich gekleidete Brautpaare in traditioneller Kleidung sehen, da der Meiji-Schrein gerne für Hochzeiten genutzt wird.

Omiya Bonsai Village

Omiya liegt schon in der Präfektur Saitama. Das etwas außerhalb von Omiya liegende Bonsai-Dorf wurde 1925 eröffnet. Die Bonsais werden in sechs privaten Gärten von den Züchtern gezeigt und ziehen in jedem Jahr die Liebhaber dieser kleinen Naturwunder in Scharen an. Einen Vorgeschmack auf diese Gärten finden Sie auch auf YouTube.

Rikugien-Garten

Der Garten hat seinen Ursprung Ende des 17. Jahrhunderts. Er gilt als schönes und typisches Beispiel für Gärten aus der Edo-Zeit. Die große Anlage des Landschaftsgartens mit Hügeln und großem Teich ist auf jeden Fall einen Besuch wert. Der Eingang des Gartens liegt in der Nähe der Komagome Station der JR-Yamanote-Linie. Sie gehen ca. 10 Minuten zum Parkeingang.

Shinjuku-Park

Der Park bietet mitten im geschäftlgen Shinjuku eine Oase der Ruhe. Er liegt in der Nähe des Bahnhofes Shinjuku. Der harmonisch gestaltete Garten mit großen Freiflächen beeindruckt mit mehreren Teichen. Es gibt einen wunderschönen japanisch gestalteten Gartenteil mit Teehaus. Aber auch europäische Elemente fehlen nicht. Hinzu kommen der Taiwan-Pavillon und Gewächshäuser.

Ueno Park

Der Ueno Koen wurde 1873 durch Kaiser Meiji errichtet. Er ist ein beliebtes Ausflugsziel der Bevölkerung. Auf dem Shinobazu-Teich, der dem Biwa-See nachempfunden sein soll, fahren kitschig bunte Tretboote, und der zu Ehren des Shogunat-Gründers Tokugawa Ieyasu errichtete Toshogu-Schrein, dessen Ursprung Anfang des 17. Jahrhunderts liegt, lädt zum Besuch ein.

Insbesondere zur Kirschblüte ist hier „Party-Total" angesagt. Auf blauen Plastikplanen wird bis zum Abwinken gefeiert und getrunken. Aber auch zu anderen Jahreszeiten zieht der gut besuchte Park an den Wochenenden Straßenmusikanten und Akrobaten an.

Der dem Park angegliederte Zoo ist der älteste Japans und vor allem für seine Pandas bekannt, weshalb er gerne von Familien mit Kindern besucht wird.

Gräber der 47 Ronin im Sengakuji-Tempel in Tokyo

Yoyogi-Park

Der Yoyogi-Park liegt vom Bahnhof Harajuku aus gesehen links neben dem Meiji-Park. Auf das bunte Treiben im Yoyogi-Koen hatte ich bereits im Abschnitt Harajuku hingewiesen.

Okunitama-jinja Schrein

Der Okunitama-jinja-Schrein in Fuchu ist einer der ältesten und bedeutenden Schreine im Großraum Tokyo. Neben dem Haupt-

Auf der Veranstaltungsfläche am Yoyogi-Park in Tokyo herrscht am Sonntag großes Gedränge

schrein gibt es auf dem Gelände noch weitere Nebenschreine. Am Okunitama-jinja-Schrein finden mehrmals im Jahr Feste und Veranstaltungen statt.

Sengakuji-Tempel und die 47 Ronin

Diesen eher unscheinbaren Tempel finden Sie in der Nähe des Bahnhofes Sengakuji der Asakusa-Line. Der Tempel ist durch die Gräber der 47 Ronin (herrenlosen Samurai) bekannt, die im Dezember 1702 den Tod ihres zum Seppuku (traditioneller Selbstmord) verurteilten Herrn rächten und danach selbst Seppuku begehen mussten. Die Geschichte der 47 treuen Ronin ist in Japan sehr beliebt. Dieses bekannte historische Ereignis steht beispielhaft für die Tugenden der Samurai. Die Geschichte wurde mehrfach verfilmt. Wer schon einige Tempel gesehen und nicht ein besonderes Interesse an dem historischen Hintergrund hat, muss den Sengakuji-Tempel aber nicht unbedingt aufsuchen.

Tokyo Skytree

Der Fernsehturm ist mit seinen 634 Metern derzeit weltweit der höchste freistehende Fernsehturm. Er wurde 2012 eröffnet. Wenn Sie nach der Besichtigung des Sensoji-Tempel in Asakusa einen Spaziergang machen und den Sumida-gawa über die Kototoi-Brü-

Keine Angst vor Japan

Der Tokyo-Skytree mit angeschlossenem Einkaufszentrum

cke überqueren, können Sie den Turm relativ schnell erreichen. Er ist aber auch bequem über verschiedene Metro-Stationen erreichbar, z. B. über die Oshiage Station oder die Tobu Skytree Line mit direkter Anbindung. Sie können aber auch den Skytree-Shuttle-Bus nehmen, der zwischen Flughafen Haneda, Bahnhof Tokyo, Bahnhof Ueno, Bahnhof Kinshicho, usw. pendelt.

Der Eingangsbereich zum Besuch des Turms befindet sich im 4. Stock des Gebäudes. Planen Sie etwas Wartezeit ein. Insbesondere bei gutem Wetter müssen Sie damit rechnen, dass die Warteschlange bereits auf der Terrasse vor dem Eingang beginnt. An der Kasse angekommen, können Sie ein Ticket erwerben, mit dem Sie in die Aussichtsetage in 350 Metern Höhe fahren dürfen, um die Aussicht über Tokyo zu genießen. Wenn Sie es wollen, können Sie oben dann auch noch ein weiteres Ticket kaufen, mit dem Sie noch höher bis in 450 Meter kommen. Selbstverständlich finden Sie im Turmkomplex auch Einkaufsmöglichkeiten, Cafés und vieles andere. Auf der Homepage des Skytree's (siehe „Nützliche Links") finden Sie Hinweise in deutscher Sprache zum Herunterladen.

Tsukiji-Fischmarkt

Der Tsukiji-Fischmarkt liegt nur wenige Minuten von der Ginza entfernt. Er ist weltweit der größte Markt für Fisch und andere Meeresfrüchte mit einem Umsatz von über 2.000 Tonnen Fisch täglich. Der Markt besteht – vereinfacht dargestellt – aus zwei Teilen. Der eine Teil weist viele kleine Stände auf, an denen in der Hauptsache natürlich Fisch und andere Meeresfrüchte verkauft werden. Hier können Sie bis ca. 11 Uhr dem hektischen Treiben beiwohnen. Es werden hier auch Fische filetiert und gefrorene Thunfische mit Hilfe von Motorsägen zerteilt. Die Sushi-Restaurants am Fischmarkt bieten preisgünstig guten und frischen Fisch in breiter Auswahl zum Genießen an.

Der andere Teil ist der Fischauktionsbereich. Hier ist der Maguro, der Blauflossenthunfisch, das absolute Highlight. Um die Fischauktion, die um 5 Uhr morgens startet, zu erleben, muss man entsprechend früh aufstehen. Früher konnte man einfach auf das Gelände gehen, heute ist die Zuschauerzahl allerdings begrenzt und man braucht eine Besuchserlaubnis. Hierzu müssen Sie sich am Informationszentrum registrieren lassen. Also ist rechtzeitiges Aufstehen angesagt.

Käufer auf dem Tsukiji-Fischmarkt in Tokyo prüfen den Thunfisch vor der Auktion

Bis zum November 2016 sollte der Markt oder zumindest Teile des Marktes auf ein neues Gelände in Toyosu südöstlich des jetzigen Standorts auf aufgeschüttetes Land in der Bucht von Tokyo verlegt werden. Die Planungen sehen auf jeden Fall die Ansiedlung der Großhändler und auch der legendären Thunfischauktionen auf dem neuen Gelände vor. Ob auf dem bisherigen Teil mit seinen engen Gassen und unzähligen Geschäften und Restaurants im Umfeld ein Restmarkt erhalten bleibt, konnte ich bisher nicht in Erfahrung bringen. Das gilt auch für die Frage, ob und wie man künftig die Fischauktionen besuchen kann. Aber eine Internetrecherche nach der Verlegung wird sicher Licht ins Dunkel bringen.

Nun wurde dieser Umzug im August 2016 erneut verschoben. Tokyos neue Gouverneurin will die laufenden Untersuchungen des Grundwassers abwarten, da der Boden vor Beginn der Baumaßnahmen kontaminiert war. Es soll geprüft werden, ob die Bodenaustauschmaßnahmen erfolgreich waren, bevor die Verlegung erfolgt.

Ausflugsideen für Kanto und Chubu

Es gibt jede Menge interessanter Ziele außerhalb von Tokyo, die Sie bequem als Tagesausflug oder auch mal mit einer Übernachtung einplanen können. Für Orte, wie z. B. Matsumoto empfiehlt sich aufgrund der Entfernung aber auf jeden Fall eine oder auch zwei Übernachtungen. Das gilt natürlich auch für andere Orte, wenn Sie hier mehr Zeit verbringen wollen.

Fuji-San

Japans heiligen und höchsten Berg haben wir 1999 im Rahmen unserer ersten Japanreise mit einer Bustour besucht. Der Fuji-san ist 3.776 Meter hoch. Bis zur 5. Bergstation Fujinomiya in ca. 2.300 Metern Höhe führen mit PKW oder Bus befahrbare Straßen den Berg hinauf. Danach führen vier verschiedene Routen zum Gipfel weiter.

Wir sind seinerzeit nicht über die besagte 5. Station hinausgeführt worden. Ich erinnere noch, dass es Mitte Mai sehr kalt und windig war. Nach meiner Meinung bringt die Auffahrt auf den Vulkanberg nicht besonders viel. Das mag anders sein, wenn man eine Bergwanderung zum Gipfel machen will. Wer den Fuji wirklich

Der Fuji-san im Frühjahr 1999

besteigen will, muss sich aber unbedingt gründlich informieren. Wetter und Tageszeit können den allgemein als einfach dargestellten Aufstieg zum gefährlichen Abenteuer machen. Rund um den Fuji-san gibt es noch 5 Seen und den Shirato-Wasserfall zu sehen.

Der Anblick dieses für Japan so bedeutenden Symbolberges ist aus angemessener Entfernung schon ein echtes Erlebnis. Oft werden Sie auch in Tokyo und Umgebung an Aussichtspunkten den Hinweis finden, dass man von dort den Fuji-san sehen kann. Tage, an denen eine derartig klare Sicht herrscht, sind aber eher selten. Allerdings hatten wir das große Glück, den Fuji-san in seiner gesamten Pracht bewundern zu können.

Ein beliebtes Fotomotiv zur Zeit der Kirschblüte und auch zur Herbstfärbung ist der Blick auf den Fuji-san von der Chureito-Pagode oberhalb der Stadt Fuji-Yoshida. Die fünfstöckige Pagode gehört zum Arakura-Sengen-Schrein.

Kontrollstation des alten Tokaido-Weges in Hakone

Fuji-san, Anreise

Wenn Sie die Reise zum Fuji-san nicht mit einem Hakone-Aufenthalt verbunden haben, gibt es wie immer verschiedene Möglichkeiten der Anreise. So fahren von Shinjuku aus Busse bis zum Bahnhof Kawaguchiko. Sie können aber auch mit der Bahn bis Kawaguchiko fahren und von hier dann den Bus weiter bis zur 5. Station nehmen. Während der Bergbesteigungssaison fahren auch von Tokyo Busse direkt bis zur 5. Station.

Die Chureito-Pagode liegt in der Nähe des Bahnhofes Shimoyoshida. Von Kawaguchiko benötigen Sie mit der Fujikyu Railway ca. 15 Minuten für die Fahrt.

Hakone

Berglandschaften, ein hübsch gelegener See und viele Ausflugsziele machen eine Rundfahrt durch Hakone zu einem interessanten Urlaubstag. Hakone liegt zwischen dem Fuji-san und Tokyo und ist ein beliebtes Naherholungsgebiet.

Für unsere kleine Hakone-Rundreise, die wir als Tagesausflug geplant hatten, hatten wir als Startpunkt den Ort Gora gewählt. Mit der Hakone Tozan Cable-Car (einer Seilzugbahn) geht es ab Gora steil bergauf bis zum Gipfel des Sounzan. Hier steigt man in die Seilbahn (Hakone Ropeway), die nach Tougendai fährt. Nach kurzer Zeit werden Sie aus der Vogelperspektive bereits die ersten

Schwefelquellen sehen können, die ihre heißen Dämpfe ausstoßen. An der Station Owakudani steigen Sie dann bitte unbedingt aus. Nach dem Genießen der Aussicht kann man zu Fuß einen Abstecher zu den Schwefelquellen machen. Hier bieten Ihnen Händler im Schwefelschlamm gekochte Eier an. Angeblich sollen diese durch den Schlamm schwarz gefärbten Eier besonders gesund sein. Ob das stimmt, kann ich nicht sagen. Die Eier schmecken nach dem Entfernen der Schale aber völlig normal. Nach der Stärkung geht es dann weiter mit der Seilbahn nach Tougendai. Auf diesem Abschnitt haben Sie dann einen herrlichen Blick auf den Ashinoko-See. Bei guter Sicht kann man auch den Fujisan sehen.

Phallus-Sammlung im Tagata-jinja Schrein bei Inuyama

Die Seilbahnstation Tougendai liegt direkt am Ashinoko-See. Von hier fahren Touristenschiffe (meistens Nachbildungen von Koggen) über den See nach Moto-Hakone. Fahrkarten für die Fahrt, die ca. 45 Minuten dauert, können Sie bereits in der Seilbahnstation kaufen. Erkundigen Sie sich bitte bereits in Odawara oder Gora nach Kombitickets für die Rundreise.

Auf der Fahrt über den See werden Sie ein rotes Torii bemerken, das zum Hakone-Schrein gehört. In ca. 20 Minuten können Sie ihn von Moto-Hakone aus zu Fuß erreichen.

In Hakone gab es früher eine Kontrollstation des Tokaido-Weges von Kyoto nach Tokyo. Wenn Sie noch etwas Zeit haben, können Sie dem Nachbau dieser alten Kontrollstelle des Shogunats noch einen Besuch abstatten.

Hakone, Anreise

Von Tokyo nach Gora benötigen Sie ca. 2 Stunden. Eine Möglichkeit ist, von Tokyo den Shinkansen bis Odawara zu nehmen. Von da aus geht es dann mit der Hakone Tozan Railway über Hakone-Yumoto nach Gora. Zurück nehmen Sie dann den Bus von Moto-Hakone nach Odawara, wo Sie wieder in den Shinkansen steigen können.

Inuyama

Die kleine Stadt Inuyama am Fluss Kiso liegt in der Nähe von Nagoya. Wir haben in der Gegend von Inuyama vor vielen Jahren zwei Tempel besucht, die ich Ihnen nicht vorenthalten möchte. Außerdem bietet auch die Stadt selbst interessantes.

Inuyama-jo
Diese Burg ist als älteste original erhaltene Holzburg Japans ein Nationalschatz (siehe auch „Nützliche Links") und einen Besuch wert. Sie befindet sich im Privatbesitz, kann aber besichtigt werden.

Tagata jinja
Bei diesem Schrein in der Nähe der Bahnstation Tagatajinjamae handelt es sich um einen Fruchtbarkeitsschrein. Hier gibt es eine Phallus-Sammlung in den unterschiedlichsten Größen aus Holz und Stein zu sehen. Dies hat uns schon erstaunt, da in Japan die Abbildung von Geschlechtsorganen eigentlich nicht statthaft ist. In Filmen und auf Bildern wird dieser Bereich immer diskret verpixelt.

Besonders in Asien ist der Tagata-jinja für sein Festival bekannt, dass immer am 15. März eines Jahres stattfindet. Hier werden einige Relikte des Schreins durch die Straßen getragen. Das auch unter dem Namen „Penis-Festival" bekannte Volksfest soll „erstaunlicherweise" auch eine große Zahl ausländischer Frauen anziehen. Der Volksfestcharakter lässt aber sicher den ursprünglichen shintoistischen Hintergrund verloren gehen.

Oagata-jinja
Nur eine Bahnstation oder 30 Gehminuten entfernt liegt der relativ schlichte Oagata-jinja. Wie Sie vermutlich schon erraten haben, geht es hier um die weiblichen Genitalien. Auch dieser Schrein hat jährlich am Sonntag vor dem 15. März sein fröhliches Festival.

Inuyama, Anreise
Inuyama: Wechseln Sie von der JR-Nagoya-Station zur nahe gelegenen Meitetsu-Nagoya Station (Privatbahn) und fahren bis Inuyamayuen. Die Fahrzeit beträgt mit dem Expresszug ungefähr 30 Minuten und sonst ca. 45 Minuten.
Tagata-jinja: Falls Sie bis Inuyamayuen gefahren sind, müssen Sie zurück zur Station Inuyama fahren (ca. 2 Minuten Fahrzeit) und dann geht es mit der Meitetsu Komaki Line ca. 10 Minuten bis zur Station Tagatajinjamae weiter. Nach einem kleinen Spaziergang von ca. 10 Minuten erreichen Sie den Schrein.
Oagata-jinja: Entweder Sie gehen ca. 30 Minuten zu Fuß vom Tagata-jinja oder Sie nehmen ab Tagatajinjamae wieder einen Zug der Komaki Line und fahren eine Station zurück. Vom Bahnhof Gakuden benötigen dann ungefähr 20 Minuten bis zum Schrein.

Japanische Schneeaffen genießen das heiße Wasser im Jigokudani-Onsen: Die auch Japanmakaken genannten Tiere sind sehr gelehrig und haben erkannt, wie wohltuend im Winter ein heißes Bad in den Onsen der japanischen Alpen ist. Aufgrund ihrer Fellstruktur können sie das Wasser nach dem Bad einfach abschütteln und erkälten sich nicht

Jigokudani Affenpark bei Yudanaka

Vor einigen Jahren haben wir im Fernsehen einen Bericht über die japanischen Schneeaffen gesehen, die sich in der kalten Jahreszeit in einer heißen Quelle (Onsen) aufwärmen. Der Jigokudani-Affenpark ist ein Ort, an dem man wildlebende Schneeaffen beim Baden beobachten kann.

Es gibt Reiseführer, die das Onsendorf Yudanaka und den etwas vom Ort entfernt liegenden Affenpark als Touristenfalle bezeichnen. Dies sehe ich nicht so. Richtig ist, dass sich die nicht gerade kurze Anreise nur lohnt, wenn man die Affen sehen will. Ansonsten bietet die Umgebung wirklich nichts Besonderes. Der ca. 2 Kilometer lange Fußweg vom Parkplatz (siehe unter Anreise) zum Jigokudani Yaen-koen (Höllental-Park) führt über einen kleinen Bergfluss an einem Geysir vorbei in die Berge. Hier war es auch im Frühjahr noch sehr windig und kalt.

Im Park angekommen geht es nach dem Bezahlen mitten durch die überall herumlungernden Affen bis zum Onsen. Insbesondere in der wärmeren Jahreszeit werden die Affen mit Futter zum Onsen und in den Park gelockt. Einige halten sich aber anscheinend auch ständig auf dem Gelände auf. Das Vergnügen, den Affen beim Ba-

Kawagoe

Kawagoe wird auch „Klein Edo" genannt. Der Ort liegt westlich von Tokyo in der Präfektur Saitama und ist in gut einer Stunde erreichbar. Während der Edo-Zeit war Kawagoe mit seiner Festung für den Handel der nahen Hauptstadt ein strategisch wichtiger Ort. Es gibt hier eine schöne Ansammlung alter Waren- und Kaufmannshäuser und anderer Gebäude, wie zum Beispiel einen alten Feuerturm. Wäre nicht der Straßenverkehr könnte man sich in ein anderes Jahrhundert zurückversetzt fühlen. Wenn Sie durch die Gassen gehen, sollten Sie die angebotenen traditionellen Süßigkeiten probieren.

Honmaru Goten ist das innere Palastgebäude der ehemaligen Burganlage von Kawagoe und wurde im Jahr 1848 wiederhergestellt. Die Ursprünge der Burganlage von Kawagoe stammen aus dem 15. Jahrhundert. Eine weitere Attraktion ist der Kitain-Temple mit 540 Steinfiguren, deren unterschiedliche Gesichter menschliche Gefühle ausdrücken sollen.

Die Ziele liegen relativ nah beieinander und können zu Fuß erreicht werden. Es gibt aber die Möglichkeit, die touristisch interessanten Punkte der Stadt mit Loop-Bussen anzusteuern. Neben der Bezahlung pro Fahrt können Sie auch eine Tageskarte erwerben.

In Kawagoe finden in jedem Jahr verschiedene Feste statt. Das bekannteste ist das jedes Jahr am 3. Oktober-Wochenende stattfindende Kawagoe Matsuri.

Kawagoe: Der alte Feuerturm steht in einer Gasse mit traditionellen Geschäften

Anreise

Kawagoe mit seinen 2 Bahnstationen ist von Tokyo aus gut mit verschiedenen Bahnlinien erreichbar. Sie können z. B. von Ikebukuro einen Expresszug (private Tobu Tojo Line) benutzen. Fahrzeit knapp über 30 Minuten. Nur etwas länger dauert es mit der privaten Seibu-Shinjuku-Line. Sie können von Shinjuku auch die JR Kawagoe Line benutzen, die gut eine Stunde benötigt. Um etwas Zeit zu sparen, gibt auch noch die Möglichkeit mit dem Shinkansen bis Omiya zu fahren und dann in die JR-Kawagoe-Line wechseln.

Der Nakasendo führt durch den Ort Magome

Das prächtig verzierte Karamon-Tor am Toshogu-Schrein

Matsumoto und eine Wanderung durch das Kiso-Tal (Kisoji)

Die Stadt Matsumoto im Zentrum Japans wird von Bergsteigern geschätzt, die die im Westen der Stadt liegenden Gipfel der japanischen Nordalpen besteigen wollen. Wir hatten Matsumoto als Ausgangspunkt für eine Wanderung durch das Kiso-Tal gewählt. Aber es gibt auch andere schöne Ziele und auch heiße Quellen (Onsen) in der Gegend.

In der Stadt gibt es gut erhaltene oder renovierte historische Gebäude. Aber die wichtigste Sehenswürdigkeit ist die Burg von Matsumoto. Sie wurde 1594 in der heutigen Form fertiggestellt und ist ein japanischer Nationalschatz. Die Besichtigung dieser alten Holzburg sollten Sie auf keinen Fall versäumen. Ende Juli findet auf dem Burggelände ein Taiko-Trommelfest statt. Aber auch in anderen Monaten gibt es interessante Veranstaltungen.

Für unsere Wanderung im Kiso-Tal hatten wir uns einen sehr heißen Oktobertag ausgesucht. Wir wollten ein ca. 10 Kilometer langes Teilstück der Nakasendo zwischen Magome und Tsumago wandern. Die Nakasendo ist eine der historischen Straßen aus der Edo-Zeit, die die Hauptstadt, das damalige Edo (heute Tokyo), mit der alten Hauptstadt Kyoto verbanden. Der Weg ist sehr gepflegt und auch englisch ausgeschildert. Für die Strecke benötigt man ungefähr 3 Stunden. Magome und Tsumago, die alten Postorte, sind

REISEZIELE – ZENTRALJAPAN

gut restauriert und wunderschön. Informationen zu weiteren Wanderstrecken an der Nakasendo finden Sie unter „Nützliche Links".

Es geht durch Wälder, am Odakimedaki-Wasserfall und an Feldern vorbei und durch einige kleine Orte. Der erste Teil des Weges verläuft neben der Straße. Wenn Ihnen das nicht gefällt, können Sie auch einen Bus bis zum Odakimedaki-Wasserfall nehmen und sparen sich so einen Teil des Weges. In Tsumago angekommen müssen Sie sich entscheiden, ob Sie noch ca. eine Stunde weiter zum nächsten Bahnhof, der JR-Nagiso-Station, weiter wandern wollen oder doch lieber den Bus oder ein Taxi nehmen. Mit dem Bus sind Sie in ca. 10 Minuten am Bahnhof.

Reisernte bei Magome

Matsumoto, Anreise

Von Shinjuku aus können Sie ohne Umsteigen mit dem Ltd. Express Azusa nach Matsumoto fahren oder Sie nehmen ab Tokyo den Shinkansen Asama und steigen in Nagano in den Ltd. Express Shinano nach Matsumoto. Je nach gewählter Verbindung beträgt die Fahrzeit zwischen knapp über 2 Stunden bis zu 3 Stunden.
Fahrt zum Kiso-Tal: Von Matsumoto nehmen Sie den Ltd. Express Shinano bis Nakatsugawa. Von dort benötigen Sie mit dem Bus noch ca. 30 Minuten bis Magome. Auf der Rückfahrt von Nagiso sollten Sie wieder versuchen, den Ltd. Express Shinano zu bekommen. Das spart mindestens eine Stunde Fahrzeit.

Nikko

Nikko liegt ca. 130 Kilometer nördlich von Tokyo in den Bergen am Rand des Nikko-Nationalparks. Japanische und ausländische Touristen suchen die berühmten Sehenswürdigkeiten des Ortes Nikko gerne auf.

Die berühmten drei Affen am Pferdestall im Toshogu-Schrein von Nikko

Für etwas entferntere Ziele im Ort können Sie den Bus nehmen. Aber vieles geht auch zu Fuß. Die wichtigsten Sehenswürdigkeiten sind die rote Shinkyo-Brücke, der Rinno-ji-Tempel, der Futarasan-jinja Schrein und der Toshogu Schrein, die alle relativ nah beieinanderliegen. Alle genannten Schreine und Tempel haben ihre Besonderheiten und gehören seit 1999 zum Weltkulturerbe.

Der Toshogu-Schrein ist sicher die Hauptattraktion in Nikko. Die unglaubliche Pracht und Schönheit der Gebäude sind wirklich beeindruckend. Aber übersehen Sie bitte nicht den unscheinbaren Pferdestall mit dem weltbekannten Wahrzeichen Nikkos, den drei

Keine Angst vor Japan

Die rote Shinkyo-Brücke in Nikko

Affen, die nichts Böses sehen, hören und sagen. Um in den oberen Teil des Schreines zu gelangen, müssen Sie durch das Sakashita-mon-Tor gehen, über dem eine geschnitzte Katze wacht. Über eine von Zedern umgebene Treppe mit mehr als 200 Stufen erreichen Sie das Grab von Tokugawa Ieyasu, dem Begründer des Tokugawa Shogunats.

Am Toshogu-Schrein findet am 17. und 18. Mai und am 16. und 17. Oktober eines Jahres ein Matsuri statt. Jeweils am 1. Festtag können Sie einem Yabusame beiwohnen. Bei diesem Reiterturnier wird mit Pfeil und Bogen vom galoppierenden Pferd auf eine Scheibe geschossen. Wir hatten im Rahmen unserer ersten Japanreise das Glück, diesem Spektakel beiwohnen zu können. Vor dem Verlassen des Tempelbezirkes sollten Sie sich noch eine kleine Auszeit im schönen Garten Shoyo-en neben dem Rinno-ji-Tempel nehmen.

Sie können in Nikko und Umgebung auch auf freilebende Japanmakaken treffen, die bei uns auch als Schneeaffen bekannt sind. Aber Vorsicht, die Tiere haben sich hier an den Menschen als Futtergeber gewöhnt und sich zur Plage entwickelt. Sie können recht lästig und aggressiv werden.

Die Berge westlich des Ortes gehören bereits zum Nikko-Nationalpark, der mit seiner abwechslungsreichen Natur als einer der schönsten Japans gilt. Hier befindet sich auch der 2.578 Meter hohe aktive Schildvulkan Shirane-san mit seiner weithin sichtbaren Lavakuppel. Nahe dem Chuzenji-See liegt der Kegon-Wasserfall, der mit seinem glasklaren Wasser ein beliebtes Fotomotiv ist. Falls Sie sich länger in Nikko aufhalten, bietet sich der Park zum Wandern an. Im Norden des Nationalparks gibt es viele heiße Quellen. Sie werden auch das eine oder andere Onsen-Hotel finden. Auch Bustouren führen von Nikko oder Tokyo in den Nikko-Nationalpark.

Im Toshogu-Schrein in Nikko wacht die schlafende Katze über dem Eingang zum Grab von Tokugawa Iyeasu, dem Begründer des Tokugawa Shogunat

Nikko, Anreise
Für Ihre individuelle Planung gibt es verschiedene Möglichkeiten. Als JR-Pass-Inhaber können Sie von Tokyo mit dem Shinkansen bis Utsunomiya fahren und dann die JR-Nikko-Line nehmen. Die Fahrzeit liegt bei ungefähr 2 Stunden.

Ohara Matsuri
Wir haben in Ohara, in der Präfektur Chiba, ein Matsuri besucht. Wenn Sie in der 2. Hälfte September im Großraum Tokyo sind und es einrichten können, sollten Sie sich Zeit für einen Ausflug für das Ohara Hadaka Matsuri nehmen. Die Prozedur der Schreine führte aus der Stadt heraus zum Strand. Vom Bahnhof Ohara braucht man ca. 20 Minuten für den Fußweg. Hier liefern sich die Teams der einzelnen Schreine dann einen Schaukampf mit der Brandung. Es ist wirklich ein imposantes Schauspiel. Dann geht es wieder in den Ort zurück und durch die Einkaufsstraße zum Tempel.

Ohara, Anreise
Wie immer gibt es verschiedene Linien, um das Ziel zu erreichen. Je nach gewähltem Bahnhof liegt die Fahrzeit zwischen 70 Minuten und gut 2 Stunden. Zur Erinnerung: HyperDia hilft Ihnen hier, um die richtige Verbindung zu finden.

Sawara
Die kleine Stadt Sawara liegt ca. 70 Kilometer von Tokyo entfernt nordöstlich der Stadt Narita. Die Altstadt Sawaras befindet sich an einem Kanal und wird genauso wie Kawagoe gerne als „Little Edo" bezeichnet. Der Ort war während der Edo-Zeit ein Verkehrsknotenpunkt für Reislieferungen in die Hauptstadt. Es gibt hier wirklich sehr viele gut erhaltene bzw. restaurierte Häuser aus der Edo-Zeit, die heute zum Beispiel als Laden, Restaurant oder zum Wohnen dienen.

Beim Ohara-Matsuri werden die Schreine von den einzelnen Gruppen in die Meeresbrandung getragen

Die Stadt ist auch für ihre Matsuri bekannt, die zweimal jährlich im Juli und Oktober stattfinden. Außerdem findet jährlich in der Zeit von Ende Mai bis Ende Juni im „Suigo Sawara Aquatic Botanical Garden" das Iris-Festival statt. Um den Garten mit seinen Iris- und Lotusanpflanzungen zu erreichen, gibt es während der Festivalzeit eine Shuttlebusverbindung. Der Bus braucht ca. 20 Minuten vom Bahnhof zum Park. In der kleinen Touristeninformation im Bahnhof können Sie erfragen, wo der Bus abfährt und erhalten auch einen Stadtplan. Die Busse setzen Sie auf der Rückfahrt dann in der Altstadt ab. Der Rückweg zum Bahnhof führt am Kanal entlang und ist überschaubar. Wir sind nach Sawara gefahren, weil wir die Irisblüte sehen wollten. Leider war Sie Anfang Juni noch nicht so ausgeprägt, wie wir es uns erhofft hatten. Aber es war trotzdem ein schöner Tag. Nur wegen der alten Häuser nach Sawara zu fahren ist nicht unbedingt erforderlich, wenn man bereits in Kawagoe, Kanazawa oder anderen Städten mit alten Häusern war.

Anfahrt

Es gibt die Möglichkeit, mit lokalen Zügen zu fahren. Je nach Uhrzeit müssen Sie hier ggf. in Narita und in Chiba umsteigen. Über HyperDia finden Sie entsprechende Verbindungen. Wir haben aber aus reiner Bequemlichkeit einen anderen Weg gewählt und sind damals von Shinagawa aus mit dem Airport-Express (Reser-

vierung erforderlich – geht aber auch noch kurz vor der Fahrt) bis zum Terminal 2 des Airports gefahren. Nach einer kurzen Wartezeit haben wir dann auf dem gleichen Gleis einen Lokalzug nach Narita genommen und sind von dort dann mit einem Zug der JR-Narita-Line nach Sawara gefahren. Egal, welche Verbindung Sie wählen, planen Sie pro Fahrt ca. 2 ½ Stunden ein.

Shosenkyo Gorge (Schlucht) im Chichibu-Tama-Kai-Nationalpark

Der Chichibu-Tama-Kai-Nationalpark liegt ca. 100 Kilometer westlich von Tokyo. Die Region ist für ihre guten Wander- und Erholungsmöglichkeiten bekannt und daher ein beliebtes Ausflugsziel. Neben hohen Bergen finden Sie hier tolle Schluchten, den einen oder anderen Schrein und phantastische Aussichten. Eine der schönsten Schluchten Japans ist die Shosenkyo-Schlucht nördlich der Stadt Kofu. Ab Kofu sollten Sie dann den Bus bis zur Endstation Shosenkyo Taki Ue nehmen.

Angekommen, gehen Sie bitte über die Brücke auf die andere Seite des Flusses. Nehmen Sie sich die Zeit, einige Minuten durch den kleinen Ort oberhalb des Wasserfalles bis zur Station der Shosenkyo-Seilbahn zu gehen. Die Seilbahn bringt Sie in wenigen Minuten ca. 1.000 Meter höher auf eine Aussichtsplattform. Zur Belohnung erhalten Sie einen wundervollen Blick über die japanischen Alpen. Sie können dort oben die Aussicht von verschiedenen Punkten aus genießen. Bitte vorsichtig sein! An einigen Stellen sind die Felsen glatt und es geht wirklich steil nach unten. An klaren Tagen soll sogar der Fuji-San zu sehen sein.

Wieder im Tal oberhalb der Schlucht angekommen, geht es durch den kleinen Ort an Läden mit Mineralien und riesigen Halbedelsteinen vorbei bis Sie wieder kurz vor der Brücke über den Fluss sind. Sie gelangen dann rechts durch eine kleine Gasse zu einer Treppe, die Sie hinunter in die Schlucht führt.

Sie haben nun zwei Möglichkeiten: Die erste ist, die Schlucht ganz zu durchwandern. Dies dürfte ungefähr ein Weg von 5 Kilometern sein und endet nahe der Haltestelle Shosenkyo-Guchi an der Nagatoro-Brücke. Die andere Möglichkeit: Sie gehen ca. 1,5 bis 2 Kilometer bis zur Haltestelle Greenline Shosenkyo.

Der spektakulärste Teil der Schlucht ist der obere Abschnitt. Hier erwarten Sie bizarr geformte Granitfelsen, ein imposanter Verlauf des Arakawa-Flusses und der gut 30 Meter hohe Sengataki-Was-

Felsformation in der Shosenkyo-Schlucht

serfall am unteren Ende der Treppe. Im oberen Teil geht Ihr Weg weiter direkt am Fluss entlang. Später mündet er dann in eine kleine asphaltierte Straße, die Sie auch in die Nähe der Greenline-Station oder weiter zur Nagatoro-Brücke führt.

Viele Japaner fahren mit dem Auto bis Greenline Shosenkyo und gehen dann bis zum Wasserfall. Es spricht sicher auch nichts dagegen, die Schlucht ganz oder teilweise von unten nach oben zu durchlaufen, aber die Treppe zur Haltestelle Shosenkyo Taki Ue ist lang und steil.

Der Sengataki-Wasserfall in der Shosenkyo-Schlucht

Anreise

Von Shinjuku benötigen Sie mit dem JR Azusa Ltd. Express bis Kofu ca. 90 Minuten. Vom Bahnhofsvorplatz in Kofu fahren dann Busse zur Schlucht. Die Fahrt dauert bis zur Endstation Shosenkyo Taki Ue oberhalb des Sengataki-Wasserfalls ca. 50 Minuten. Holen Sie sich bitte in der kleinen Information auf dem Bussteig in Kofu eine Karte der Schlucht und einen Busfahrplan, da die Busse in unregelmäßigen Abständen fahren.
Falls Sie die ganze Schlucht von unten nach oben durchlaufen wollen, fahren Sie ca. 30 Minuten bis zur Station Shosenkyo-Guchi. Fahrpreis bis zur Endstation Shosenkyo Taki Ue: rund 900 Yen.

Takao-san, Tokyos Hausberg

In gut einer Stunde erreicht man den Takao-san. Der fast 600 Meter hohe Berg ist ein beliebtes Ziel der Bewohner Tokyos. Bei gutem Wetter hat man herrliche Ausblicke auf die Metropole und auch von hier soll man an einigen Tagen den Fuji-san sehen können. Der Ausflug in die Natur, verbunden mit dem Besuch von Tempeln war ein gelungener abwechslungsreicher Urlaubstag. Ob Sie den Berg hochwandern, oder ob Sie die Seilbahn nehmen, müssen Sie dann vor Ort entscheiden. Halten Sie sich an die aktuellen Routenvorgaben. Wir haben beim Abstieg die eigentlich nur für den Aufstieg zugelassene Route 6 gewählt. Der Weg durch das teilweise rutschige Bachbett, war schon etwas speziell.

Anreise

Ab Shinjuku mit dem Chuo Line Rapid (JR) nehmen, Fahrzeit ca. 55 Minuten bis Takao. Dann in die Keio-Line umsteigen und ca. 10 Minuten bis Takaosanguchi fahren.

Dieses Rotenburo im Takaragawa-Onsen wurde nach der Reinigung gerade wieder aufgefüllt

Takaragawa Onsen

Eine Fahrt zu diesen heißen Quellen in der Präfektur Gunma ist von Tokyo aus ein beliebter Tagesausflug. Das Takaragawa-Onsen ist ein Freibad (Rotenburo) direkt an einem Gebirgsfluss und soll die schönsten Badebecken Japans haben. Wir haben hier im Mai einen wirklich sehr schönen Tag verbracht.

Es ist auch eines der wenigen Onsen, in denen beide Geschlechter gemeinsam ihr Bad nehmen dürfen. Nochmals zur Erinnerung, Frauen bedecken sich in den gemeinsamen Badestellen ihre Blößen mit einem Handtuch. Für Frauen, die nicht gemeinsam mit Männern baden wollen, gibt es aber auch eine separate und abgeschirmte Möglichkeit, sich im heißen Wasser zu entspannen. Auf dem Weg zu den Badebecken am Flussufer kommen Sie an einer Sammlung von alten und kuriosen Gegenständen vorbei. Leider werden am Onsen auch einige Bären in nicht sehr großen Käfigen gehalten.

Wer länger bleiben möchte kann auch im angeschlossenen Ryokan übernachten. Nach unserer Erfahrung reichen aber 2 bis 3 Stunden Aufenthalt aus. Das Bad ist täglich von 9 bis 17 Uhr geöffnet. Für den Eintritt sollten Sie pro Person ca. 1.500 Yen einplanen. Handtücher und bei Bedarf auch Yukatas können gegen eine Gebühr geliehen werden.

Keine Angst vor Japan

Takaragawa Onsen, Anreise

Informationen zur Anreise finden Sie auf der Homepage des Onsens (siehe „Nützliche Links). Ab Tokyo nehmen Sie einen Shinkansen bis Jomo-Kogen. Für diesen Teil der Fahrt benötigen Sie ca. 75 Minuten. Ab Jomo-Kogen geht es ca. 25 Minuten mit dem Bus weiter bis zur Minakami-Station. Am besten Sie fragen schnell bei der Ankunft am Bahnhof Jomo-Kogen, wo der Bus abfährt. Als wir da waren, gab es im Bahnhof eine kleine Touristeninformation.

In der Minakami-Station angekommen, wechseln Sie den Bus und fahren weitere 30 Minuten bis zur Station Takaragawa Iriguchi. An dieser Haltestelle stand ein Shuttle-Bus des Onsens, der uns auch zur Bushaltestelle zurückgebracht hat. Wenn wir den Busfahrer richtig verstanden haben, ist das so üblich. Sie sollten sich aber ggf. die Telefon-Nummer des Onsens aufschreiben, um nachfragen zu können, da Sie zu Fuß sicher eine halbe Stunde brauchen.

Bei derartigen Verbindungen mit mehreren Anschlüssen, macht es immer Sinn, den Busfahrer anzusprechen, damit er Bescheid sagt, wenn man am Ziel angekommen ist. Gerade auf diesem Ausflug hatten wir auf der Rückfahrt das Erlebnis, dass unser Busfahrplan nicht stimmte und der Bus ab Minakami Station nach Jomo-Kogen bereits vor Ankunft unseres Busses abfuhr. Unser Busfahrer funkte darauf seinen Kollegen an, der prompt zurückkam und uns aufsammelte.

Yokohama

Wenn man Yokohama heute sieht, glaubt man kaum, dass die Wandlung vom Fischerdorf zur Großstadt erst mit der Öffnung Japans im 19. Jahrhundert begann. Nach der über 200-jährigen Isolierung Japans wurde im Jahr 1859 der Hafen von Yokohama als Tor für den Außenhandel geöffnet. Yokohama ist heute Japans größte Hafenstadt und hat ca. 3,7 Millionen Einwohner.

Die Stadt bietet keine weltbekannten Sehenswürdigkeiten und hat trotzdem Ihren Charme. Direkt am Hafen liegt der Yamashita-Koen. Der Park bietet eine gute Aussicht über den Hafen. Am östlichen Ende des Yamashita-Parks liegt das restaurierte Passagierschiff Hikawa-Maru, das 1960 außer Dienst genommen wurde und besichtigt werden kann. Wer auf Maritimes steht kann auch noch das 1930 gebaute Segelschulschiff Nippon-Maru beim Hafenmuseum besichtigen.

Ein Eingangstor zur Chinatown von Yokohama

Minato Mirai in Yokohama bei Nacht

Yokohamas Chinatown gehört weltweit mit zu den größten Chinesenvierteln. Die Eingänge sind von bemalten Toren eingerahmt. Hier finden Sie neben Geschäften unzählige Restaurants.

Das Stadtentwicklungsprojekt Minato Mirai 21 („Hafen Zukunft 21") bietet Einkaufszentren, verschiedene Restaurants und vieles mehr. Hier finden Sie auch den Yokohama Landmark Tower. Er ist 296 Meter hoch und beherbergt neben einem Hotel und Büros einen riesigen Einkaufskomplex, der sich über mehrere Etagen erstreckt. In der 69. Etage des Wolkenkratzers befindet sich der Sky Garden mit einer schönen Aussicht.

Die Motomachi Shopping Street zeigt die modisch orientierte Seite von Yokohama. Hier finden Sie viele Boutiquen, Lebensmittelgeschäfte, Cafés und Restaurants.

Vor einigen Jahren haben wir in Yokohama das Yokohama City Municipal Disaster Prevention Center (4-7 Sawatari, Kanagawa-ku, Yokohama-shi, Kanagawa) besucht. Hier gibt es einen Erdbebensimulator, der verschiedene Beben nachempfindet. Einen Hinweis auf die Internetseite finden Sie unter „Nützliche Links".

Anreise

Mit dem Zug von Tokyo brauchen Sie ungefähr je nach gewählter Verbindung und Bahnhof 30 bis 45 Minuten, auch der Shinkansen hält in Yokohama.

Keine Angst vor Japan

Der Itsukushima-Schrein bei Flut. Das rote Torii gilt als einer der schönsten Anblicke Japans

Westjapan: Kinki (Kansai), Chugoku und Shikoku

Osaka und Kyoto sind gute Ausgangspunkte, um sich viel Interessantes in den Regionen Kinki und auch Chugoku anzusehen. Wir haben diese Landesteile sowohl von Osaka als auch von Kyoto aus bereist. Die Städte liegen nicht weit auseinander und die Fahrt dauert nicht allzu lange. Es gibt auch Ziele in Chugoku, die z. B. gut aus Hakata auf der Insel Kyushu erreicht werden können und auch Shikoku erfordert eine gesonderte Betrachtung.

Kyoto

Ein an der japanischen Kultur interessierter Besucher des Landes kommt an einem Aufenthalt in Kyoto nicht herum. Immerhin gibt es alleine hier 17 Sehenswürdigkeiten, die von der UNESCO als Weltkulturerbe ausgezeichnet wurden.

Kyotos Einfluss auf Kultur und Kunst überrascht nicht, wenn man bedenkt, dass die ehemalige Hauptstadt von 794 bis 1868 Sitz der Kaiserfamilie war. Die Zahl der buddhistischen Tempel und der shintoistischen Schreine soll bei etwa 2.000 liegen. Man muss sicher nicht extra erwähnen, dass es unmöglich ist sie alle zu besichtigen. Beschränken Sie sich auf einige Höhepunkte. Weniger ist hier im wahrsten Sinne des Wortes mehr. Kyoto hat auch neben Tempeln und Schreinen einiges zu bieten. Wir waren jetzt viermal in Kyoto und haben bisher sicher nur einen Bruchteil der Schönheiten gesehen.

Die Stadt Kyoto liegt geschützt in einem nach Süden offenen Talkessel. Sie ist eine moderne japanische Großstadt mit entsprechendem Stadtbild und vielen Einkaufsmöglichkeiten. Die kulturellen Stätten sind weitläufig über die Stadt verteilt. Es gibt aber auch noch Stadtbezirke mit alter, traditioneller Bebauung, die zum Spazierengehen einladen. Im Bahnhof gibt es eine Touristeninformation und auch am Ticketschalter des Busterminals wird man Ihnen gerne weiterhelfen.

Der Bahnhof ist durch seine Größe, dem integrierten großen Isetan-Kaufhaus und seinen vielen weiteren Shopping- und Essmeilen, die sich über verschiedene Stockwerke in den oberen und

Meine Highlights in Westjapan

Kyoto
- Kaiserliche Paläste, Villen und Gärten
- Nijo-jo, die Residenz der Shogune
- Das Geisha-Viertel Gion
- Die Tempel Kinkaku-ji, Ryoan-ji, Nanzen-ji, Kiyomizu-dera und Sanjusangen-do
- Flussfahrt und Bambuswald in Arashiyama
- Inari-Taisha Schrein in Fushimi mit Torii-Allee

Außerhalb Kyotos
- Das bekannteste Torii Japans und der Itsukushima-Schrein auf der heiligen Insel Miyajima
- Reiherburg in Himeji
- Tempel und ein großer Buddha in der alten Hauptstadt Nara

Der Bahnhof von Kyoto besticht durch moderne Architektur. Er ist ein Knotenpunkt verschiedener Bahn- und Buslinien. Das Kaufhaus Isetan, Restaurant- und Shoppingmeilen, eine Veranstaltungsfläche und eine Aussichtsplattform am Ende der langen Rolltreppe sind in den Bahnhof integriert

unteren Etagen verteilen, auf den ersten Blick recht unübersichtlich. Aber nach einem ausgiebigen Spaziergang findet man sich schon besser zurecht. Mit der langen Rolltreppe neben dem Isetan-Kaufhaus gelangen Sie auf eine Dachterrasse, die Ihnen einen kostenlosen Blick über die Stadt bietet.

Nachfolgend eine Auswahl von Zielen, Tempeln und Schreinen in Kyoto, die definitiv zu den besuchenswerten Zielen gehören. Nach der Einleitung ist Ihnen aber sicher auch bewusst, dass die folgende Aufzählung dem großen kulturellen Angebot Kyotos nicht gerecht werden kann. Aber Ihre Anwesenheit in der Stadt ist ja zeitlich nicht unbegrenzt. Man kann halt nicht alles Sehenswerte besuchen. Zudem gibt es auch im Umkreis von Kyoto noch eine Reihe interessanter Sehenswürdigkeiten und Aktivitäten. Langeweile sollte in dieser Gegend nicht aufkommen.

Verkehrsmittel in Kyoto

Kyoto verfügt über ein sehr gutes Bus- und U-Bahnnetz. Beachten Sie bitte auch die Hinweise zum Busfahren in Kyoto im Kapitel „Reisen mit Bahn und Bus" im Abschnitt „Busfahren". Es ist kein Problem, die Sehenswürdigkeiten mit öffentlichen Verkehrsmitteln (manchmal in Verbindung mit einem kleinen Fußmarsch) zu erreichen.

In Kyoto fällt einem sofort auf, dass sehr viele Radfahrer unterwegs sind. Es gibt auch Fahrradverleihe. Falls Sie sich ein Rad leihen, sollten Sie unbedingt beachten, dass das Abstellen der Räder in der Bahnhofsumgebung nur auf den vorgesehenen Fahrradparkplätzen erlaubt ist.

Kyoto Tower

Wenn Sie sich ein Bild über die Stadt machen wollen oder gerne Städte von oben sehen, lohnt sich ein Besuch der Aussichtsplattform. Hier können Sie sich aus gut 100 Metern Höhe einen Überblick über die Stadt verschaffen.

Kenrei-mon, eines der Eingangstore zum Kaiserpalast

Kaiserliche Paläste, Villen und Gärten

Kaiserpalast (Kyoto Gosho), Sento-Gosho-Palast und kaiserlicher Park (Kyoto Gyoen)

Der Kaiserpalast liegt in einem großen Park mitten in Kyoto. Auf dem gleichen Gelände befindet sich auch der Sento-Gosho-Palast, der Kaisern im Ruhestand als Unterkunft diente. Alle Gebäude sind im Laufe der Zeit mehrfach abgebrannt und erneut aufgebaut worden.

Das große Areal des Parks (Kyoto Gyoen) ist frei zugänglich und eine Oase der Erholung mitten in der Stadt. Wenn Sie den Kaiserpalast besichtigen möchten, bedenken Sie bitte, dass dies in der Vergangenheit ausschließlich mit einer Besuchsgenehmigung des kaiserlichen Hofamtes (liegt nördlich des Palastgeländes) im Rahmen einer geführten Tour erfolgte. Eine Besichtigung mit diesem Verfahren ist mittels Online-Reservierung auch heute noch möglich.

Ähnlich wie in Tokyo wurden Mitte 2016 auch die Bedingungen für die Besichtigung der kaiserlichen Gebäude in Kyoto vereinfacht. Man kann sich jetzt zusätzlich auch ohne vorherige Reservierung beim Hofamt und ohne Führer auf dem Gelände frei bewegen. Allerdings gibt es Besucherquoten und es muss ein Antragsformular ausgefüllt werden. Dies gilt auch für die anderen kaiserlichen Gebäude,

Prunkvolle Shogun-Residenz: Nijo-jo und ein Detail der Torschnitzereien (unten)

wie zum Beispiel die folgenden beiden Sommerresidenzen. Aktuelle Informationen finden Sie auf der Page des kaiserlichen Hofamtes. (Siehe „Nützliche Links")

Kaiserliche Villa Katsura (Katsura Rikyu)
Die Kaiserliche Villa Katsura liegt am südwestlichen Rand der Stadt. Die Villa wurde 1624 fertiggestellt und gilt als Beispiel für perfekte japanische Architektur. Zudem kann sie mit einer besonders harmonisch abgestimmten Gartenanlage aufwarten.

Kaiserliche Villa Shugakuin
In den nordöstlichen Hügeln Kyotos finden Sie dann noch die Anlage der kaiserlichen Villa Shugakuin, die sich unauffällig in die Natur einfügt. Auch hier gibt es eine beeindruckende und der Natur der Umgebung angepasste Gartenanlage.

Nijo-jo

Die prunkvolle Burg Nijo diente den Tokugawa-Shogunen als Residenz in Kyoto und sollte Ihre Macht repräsentieren. Das große Gelände mit mehreren Gärten und der imposanten Burganlage sollten Sie auf jeden Fall besichtigen.

Im Inneren können Sie fantastische Malereien auf Schiebetüren und Wandschirmen bewundern. Alles war darauf ausgelegt, die Lehnsmänner der Shogune zu beeindrucken. Im Palast finden Sie auch einen der bekannten „Nachtigallenböden". Diese Fußböden waren so konzipiert, dass sie beim Betreten quietschten, um Eindringlinge an die Wachen zu verraten.

Gion

Ein Besuch des wohl bekanntesten Geisha-Viertels Japans am Ostufer des Kamo-Gawa gehört zu einem Aufenthalt in Kyoto einfach dazu. Das Vergnügungsviertel Gion ist für die meisten Menschen bei uns untrennbar mit dem Begriff Geisha verbunden. Über das bei uns oft falsch interpretierte Berufsbild dieser Unterhaltungskünstlerinnen habe ich ja bereits an anderer Stelle hingewiesen. Übrigens, eine Geisha in Kyoto nennt sich Geiko.

Besonders schön anzusehen ist die Hanami-Koji-Dōri, eine Straße in der es fast immer nur so von Touristen wimmelt. Hier finden Sie auch das berühmte Teehaus Ichiriki. Wenn die vielen Touristen nicht wären, könnte man sich auch in dieser Gegend in eine andere Zeit zurückversetzt fühlen. Besonders stimmungsvoll ist ein Gang durch Gions Straßen am Abend. Mit etwas Glück können Sie dann oder in den späten Vormittagsstunden auch eine Geiko oder Maiko (Bezeichnung für Geishas in der Ausbildung) sehen. Als wir durch die Straßen von Gion gelaufen sind, hatten wir das Glück, gleich einige der Unterhaltungskünstlerinnen zu sehen. Stark befremdend war allerdings, wie sich einige der asiatischen Touristen verhielten, die in bester Paparazzi-Manier den Damen auflauerten und den Weg verstellten, um Sie zu fotografieren.

Gion lädt mit Gion Corner, Gion Kobu Kaburenjo und dem Minamiza-Theater besonders den an japanischen Künsten oder Geisha-Kultur Interessierten zu einem Besuch ein.

Eine Maiko in ihrem prächtigen Outfit

Tempel und Schreine

Da es in dieser Region wirklich sehr viele Tempel und Schreine gibt empfehle ich, nicht alle auf der ersten Japanreise zu besuchen. Schließlich wollen Sie sich im Urlaub ja auch erholen.

Die vier erstgenannten Tempel im Nordwesten Kyotos liegen recht dicht bei einander, so dass man sie bequem der Reihe nach besichtigen kann, wenn man es will. Auf unserer Reise hatten wir dies auch so geplant, sind dann aber am Ryoan-ji bei einem Musikfestival hängen geblieben und haben die nicht besuchten Ziele dann später besucht.

Eingangstor des Ninna-ji Tempels in Kyoto

Myoshin-ji

Der Myoshin-ji Tempel im Nordwesten der Stadt ist nicht einfach ein Tempel. Der Komplex beherbergt 47 Untertempel mit weitläufigen Gartenanlagen. Beachten Sie bitte, dass nicht alle Gebäude der Öffentlichkeit zugänglich sind.

Ninna-ji

Der Tempel Ninna-ji liegt ebenfalls im Nordwesten in der Nähe des Myoshin-ji. Die Tempelanlage bietet alles, was man erwarten kann. Es gibt ein imposantes Haupttor, schöne Gärten, eine fünfstöckige Pagode und prächtige Gebäude. Die Anlage ist ein gutes Beispiel für die Harmonie, die so viele japanische Tempel ausstrahlen.

Ryoan-ji

Der Tempel aus dem 15. Jahrhundert mit seinem großen Garten, der auch einen schönen Teich hat, liegt ebenfalls im Nordwesten, in der Nähe des Ninna-ji. Der Ryoan-ji ist berühmt für den wohl bekanntesten Steingarten Japans. Der Besuch dieses Zen-Gartens mit seiner beeindruckenden Schlichtheit gehört zum Pflichtprogramm für einen Aufenthalt in Kyoto. In diesem rechteckigen von einer Mauer umgebenen Garten liegen auf geharktem Kies in Gruppen platziert insgesamt 15 Steine, die nicht aus einem Blickwinkel erkennbar sind. Da der Tempel von Touristen stark frequentiert wird, müssen Sie eventuell etwas Geduld aufbringen bevor Sie auf der Aussichtsplattform einen guten Platz zum Fotografieren finden.

Berühmter Steingarten im Ryoan-ji

Kinkaku-ji

Der „Tempel des Goldenen Pavillons", der sich im Wasser des Teiches vor dem Tempel spiegelt, ist wohl eines der bekanntesten Fotomotive Kyotos. Auch der Besuch dieses wiederum im Nordwesten liegenden Tempels ist unverzichtbar. Das ursprünglich als Alterssitz eines Shoguns erbaute Gebäude wurde nach dessen Tod in einen Tempel umgewandelt (Foto am Anfang des Kapitels 5).

Ginkaku-ji

Auch der „Tempel des Silbernen Pavillons" war ursprünglich nicht als Tempel gedacht, sondern sollte einem Shogun als Villa dienen. Die Ursprünglichen Pläne, den im Osten der Stadt liegenden Tempel, ähnlich wie den Schwestertempel Kinkaku-ji, zu verschönern, wurden nie umgesetzt. Nun glänzt er zwar nicht silbern, besticht aber durch seine ehrwürdige Schlichtheit. Der auch unter dem Namen Jisho-ji bekannte Tempel besitzt einen sehr schönen Garten, der zum Verweilen einlädt und ein Beispiel für die japanische Landschaftsarchitektur ist.

Der Tempel Ginkaku-ji, ursprünglich als Villa für einen Shogun geplant

Heian-jingu

Der Schrein ist einer der jüngsten Schreine in Kyoto. Er liegt im Okazaki-Koen im östlichen Kyoto und wurde 1895 anlässlich des 1100-jährigen Bestehens der Stadt errichtet. Er ist eine verkleinerte Ausgabe eines alten Kaiserpalastes aus der Heian Periode. Auch hier bietet ein schöner Park mit Teich Gelegenheit für eine kleine Pause.

Nanzen-ji

Das weitläufige Gelände des im Osten Kyotos gelegenen Nanzen-ji ist ein Touristenmagnet. Die ehemalige Villa eines Kaisers ist heute einer der wichtigsten Zen-Tempel in Japan. Sie betreten den Tempel durch ein gewaltiges Eingangstor (San-mon). Auf dem Tempelgelände sticht ein Aquädukt ins Auge, welches scheinbar nicht hierher passt. Es handelt sich dabei um einen Teil eines Kanalsystems aus der Meiji-Zeit. Über die Halle des Haupttempels erreichen Sie einen klassischen Zen-Garten.

Das Aquädukt am Nanzen-ji-Tempel

Yasaka-jinja

Der bunte Yasaka-jinja-Schrein in der Nähe des Vergnügungsviertels Gion wird auch Gion-san genannt. Er liegt am Maruyama-

Die Tempelanlage Kiyomizu-dera

Park, der in Kyoto ein beliebter Ort für Kirschblüten-Partys ist. Es bietet sich an, im Rahmen eines Spazierganges in den Straßen von Gion auch einen Blick in diesen Schrein zu werfen.

Kiyomizu-dera

Es ist nicht verwunderlich, dass der Tempel Kiyomizu-dera zu den beliebtesten Sehenswürdigkeiten der Stadt gehört. Seine Geschichte reicht bis in das Jahr 798 zurück. Von der Terrasse der Haupthalle hat man einen wunderschönen Blick auf die Umgebung.

Dem Wasser des berühmten Otawa-Wasserfalls auf dem Tempelgelände werden heilende Kräfte nachgesagt. Das Wasser fällt aus drei einzelnen Kanälen in ein breites Becken. Die Besucher fangen das Wasser auf und trinken es, um ein langes und gesundes Leben zu haben. Von diesem Wasser des Wasserfalls leitet sich auch der Name des Tempels her, der in der Übersetzung „reines Wasser" bedeutet.

Auf dem weitläufigen Tempelgelände befinden sich auch kleinere Shinto-Schreine. Besuchen Sie bitte den Jishu-jinja. Er ist dem Gott der Liebe gewidmet und ein kleines Dank- oder Bittgebet kann ja nicht schaden. Wenn Sie Ihr Liebesglück ganz genau ergründen wollen, gehen Sie bitte noch zu den zwei „Liebessteinen". Diese Steine stehen in einem Abstand von 18 Metern. Die Legende sagt, wer blind den Weg von Stein zu Stein findet, wird sich auch bald darauf verlieben. Also: Schließen Sie Ihre Augen und versuchen Sie es. Wenn es geklappt hat, daran glauben.

Nishi Hongan-ji und Higashi Hongan-ji

Die Namen Nishi (Westen) und Higashi (Osten) der Tempel weisen auf die Lage der zwei großen Tempel in der Mitte von Kyoto hin. Die nicht weit voneinander entfernt liegenden Tempel wurden von zwei verschiedenen Linien einer buddhistischen Schule erbaut. Die Grundrisse beider Tempel sollen fast gleich sein.

Der Nishi-Hongan-ji ist für seine prachtvollen Dekorationen bekannt. Die Haupthalle des Higashi Hongan-ji besitzt die größte Holzkonstruktion in Kyoto. Es lohnt sich sicher, beiden Tempeln einen Besuch abzustatten.

Ein Drache als Wasserspeier im Higashi-Hongan-ji Tempel in Kyoto

Sanjusangen-do

Der Tempelname bedeutet übersetzt „Halle mit dreiunddreißig Räumen zwischen den Säulen" und ist von den Lücken zwischen den tragenden Säulen abgeleitet. Die Haupthalle des Tempels im Süd-Osten Kyotos mit einer Länge von über 120 Metern beeindruckt jeden Besucher durch seine 1001 goldenen Statuen der Göttin Kanon. Die imposante Hauptfigur in der Mitte soll bereits im Jahr 1254 geschnitzt worden sein.

Der Tempel war früher für seine Wettkämpfe im Bogenschießen auf der ca. 2,50 Meter breiten Veranda der Haupthalle berühmt. Die Schussdistanz betrug damals 118 Meter. Auch heute werden auf dem Tempelgelände jedes Jahr Kyudo-Wettkämpfe veranstaltet. Allerdings auf dem Hof mit kürzerer Schussdistanz und nicht in der denkmalgeschützten Halle.

Spaziergänge: Higashi-yama und Philosophenweg

Nehmen Sie sich etwas Zeit für das historische Viertel am Higashi-yama. Gehen Sie durch die kleinen Gassen und genießen Sie die Ansammlung der Sehenswürdigkeiten wie z.B. den Kiyomizu-dera-Tempel. Auch das Nationalmuseum mit seinen Exponaten aus verschieden Epochen ist je nach Interesse einen Besuch wert.

Ein beliebter Weg in Kyoto ist der sogenannte Philosophenweg. Er hat seinen Namen von einem Philosophieprofessor, der diesen

Keine Angst vor Japan

Blick von Gion auf die Häuser am Fluss Kamo in Kyoto

Weg täglich zurückgelegt haben soll. Der ungefähr zwei Kilometer lange Weg verläuft an einem mit Kirschbäumen gesäumten Kanal zwischen den Tempeln Ginkaku-ji und Nanzen-ji und führt an zahlreichen Sehenswürdigkeiten vorbei. Planen Sie bitte ausreichend Zeit ein, um die am Weg liegenden Tempel und Schreine spontan genießen zu können.

Matsuri

Wie in allen Landesteilen gibt es auch in Kyoto regelmäßig traditionelle Volksfeste. Links mit Hinweisen zu diesen Veranstaltungen finden Sie im Kapitel „Nützliche Links". Zu den wichtigsten und größten Festen zählen das Aoi-Matsuri am 15. Mai, das Jidai-Matsuri, eine Darstellung der Stadtgeschichte jährlich am 22. Oktober am Heian-Schrein und das ebenfalls am 22. Oktober stattfindende Feuerfest „Kurama-no-hi Matsuri". Größtes Fest der Stadt ist das Gion-Matsuri. Es wird über den ganzen Monat Juli gefeiert. Ein Höhepunkt dieses Festes ist die historische Parade am 17. Juli.

Märkte und Einkaufspassagen

Kyoto ist eine Großstadt, in der Sie überall Kaufhäuser, Einkaufsstraßen und große moderne Einkaufspassagen finden. Interessant ist, dass drei recht bekannte Möglichkeiten zum Shoppen in unmittelbarer Nachbarschaft liegen. Es handelt sich um den Nishiki-Food-Markt, die Shijo-dori und die Teramachi-Einkaufspassage. Aber auch rund um den Bahnhof Kyoto kann man viel Zeit beim Einkaufsbummel verbringen.

Nishiki Food Markt
Der Nishiki-Lebensmittelmarkt wird auch als die „Küche Kyotos" bezeichnet. Bereits am frühen Morgen öffnen hier die Händler Ihre Geschäfte, um ihre Lebensmittel anzubieten. Die Marktstraße Nishiki ist gut zu Fuß von der Shijo-Station der Karasuma-U-Bahnlinie zu erreichen.

Restaurantgasse beim Fluss Kamo in Kyoto

Shijo-dori
Diese Straße in der Nähe des Nishiki-Lebensmittelmarktes verläuft durch das Unterhaltungsviertel Gion. Am östlichen Ende der Shijo-dori liegt der Yasaka-jinja-Schrein. In dieser Richtung finden Sie dann kleinere Läden mit Mode oder Kunsthandwerk sowie mit kulinarischen Spezialitäten.

Teramachi-Einkaufspassage
Auch diese Einkaufspassage liegt an der Shijo-dori. Es gibt hier ein buntes Angebot, das von Bekleidung bis zu Büchern und Kunst reicht. Im nördlichen Bereich befinden sich zudem Cafés und Restaurants.

Bahnhof Kyoto
Das große Isetan-Kaufhaus und verschiedene Einkaufspassagen, wie z. B. „Porta" und „The Cube", laden hier zum Bummeln und Schlemmen ein.

Uzumasa Eigamura (Toei Kyoto Studio Park)

Verkleidete Touristinen mit dem Autorenehepaar

Eine kleine Abwechslung zwischen den Tempeln ist der Film- und Freizeitpark Uzumasa Eigamura am Stadtrand von Kyoto. Sie finden hier nachgebaute japanische Häuser und Gassen des alten Japans, quasi eine kleine Stadt aus der Edo-Zeit mit verschiedenen traditionellen Gebäuden, die gelegentlich als Kulisse für historische Kino- und Fernsehfilme verwendet werden.

Außerdem gibt es Vergnügungsmöglichkeiten wie auf einem Jahrmarkt: Den Besuch der Ninja-Show sollte man nicht versäumen. Sie können sich auch – nicht gerade für wenig Geld – als Samurai oder Geisha verkleiden lassen. Es gibt auch Ausstellungen über TV-Serien, Spielmöglichkeiten, ein Restaurant und Souvenirstände fehlen auch nicht. Über all dies können Sie sich auf der Homepage des Parks informieren (siehe „Nützliche Links").

Anreise
Sie erreichen den Studiopark u. a. mit der JR Sagano-Line Haltestelle Uzumasa Station. Auf der Homepage finden Sie eine genaue Anfahrtsbeschreibung.

Ausflüge ins Umfeld von Kyoto

Arashiyama

Sagano Romantic-Train nach Arashiyama

Auch der Onsen-Ort Arashiyama im Nordwesten Kyotos gibt Ihnen die Möglichkeit, sich Tempel und andere Sehenswürdigkeiten anzusehen, aber vielleicht wollen Sie ja auch mal einen Tag mit etwas weniger Kultur verbringen. Unverzichtbar ist in Arashiyama aber ein Spaziergang durch den Bambuswald, auf den ich noch zu sprechen komme. Vorab noch zwei Tipps, die sich gut mit einem Aufenthalt in Arashiyama verbinden lassen. Es gibt zwei Touren entlang des Flusses Hozu-gawa, die Ihnen die Möglichkeit geben, ohne müde Füße einen Ausflug durch die Bergwelt zu machen.

Bootsfahrt von Kameoka nach Arashiyama
Die Fahrt mit dem Boot dauert ungefähr 2 Stunden und ist ca. 16 Kilometer lang. Unser Boot war mit ungefähr 15 Personen besetzt

Der Eindruck auf dem Foto täuscht. Der Hozu-gawa ist nicht an allen Stellen so ruhig und friedlich. Aber es gibt auf der Bootstour auch Strecken, auf denen man die Landschaft in Ruhe genießen kann

und es ging den Hozu-gawa durch diverse Stromschnellen hinab. Angst braucht man nicht zu haben, die Bootsführer verstehen ihren Job und die Boote machten einen stabilen Eindruck. Wenn das Wetter gut ist, kann ich diese kleine Abwechslung mit dem herrlichen Ausblick auf die Berghänge nur empfehlen.

Sagano Romantic Train

Der Sagano Romantik-Zug, auch als Torokko-Romantic-Train bekannt, ist eine Sightseeing Bahn, die entlang des Hozu-gawa Flusses zwischen Kameoka und Arashiyama in beiden Richtungen verkehrt. Die Fahrt dauert etwa eine halbe Stunde und bietet einen schönen Blick auf Berge und Fluss. Noch ein Hinweis: Wir haben die Fahrt im Oktober gemacht und es war in dem offenen Wagon durch den Fahrtwind trotz der Sonne relativ kühl.

Arashiyama Bambuswald

Der Bambuswald in Arashiyama ist aus meiner Sicht das touristische Highlight des Ortes. Äußerst beeindruckend ragen dicht an dicht dicke Bambusstangen in den Himmel. Allerdings müssen Sie damit rechnen, dass Sie hier nicht alleine sind. Durch den nicht allzu großen Wald führen gut begehbare Wege.

Der Bambuswald von Arashiyama

Tenryu-ji
Wenn Sie den Hauptweg in den Bambuswald benutzen, kommen Sie an einem Eingang des Tempels Tenryu-ji vorbei. Die Wurzeln dieses Tempels liegen im 14. Jahrhundert. Die Gebäude sind eher unauffällig, der Gang durch die schöne Landschaft des Gartens lohnt sich aber auf jeden Fall.

Iwatayama Affenpark
Etwa 200 Japanmakaken leben in diesem Park. Der Besuch ist eine interessante Abwechslung von den vielen kulturellen Highlights der Gegend. Sie können die Tiere in einem speziellen Bereich auch füttern. Allerdings sind dann nicht die Affen in einem Käfig, sondern aus Sicherheitsgründen Sie! Sehen Sie den Affen nicht direkt in die Augen, dass mögen die Tiere nicht. Abgesehen von den Affen werden Sie nach Ihrem ca. 20 Minuten langen Aufstieg auf den Berg noch mit einem schönen Blick über Kyoto belohnt. Den Eingang zum Park finden Sie südlich der Togetsukyo-Brücke.

Arashiyama, Anreise
Arashiyama, Ort: Von Kyoto aus benötigt die JR-Sagano-Line ca. 16 Minuten bis zur Station Saga-Arashiyama.
Bootsfahrt ab Kameoka: Aus Kyoto kommend fahren Sie ca. 20 Minuten mit der JR-Sagano-Linie bis zur Station Kameoka. Dann zu Fuß in ca. 10 Minuten zur Bootsanlegestelle .
Sagano Romantic Train: Aus Kyoto kommend fahren Sie mit der JR-Sagano-Linie bis zur Umahori-Station (eine Station vor Kameoka) und gehen, wenn Sie aus dem Bahnhof kommen, links am Bahndamm entlang, bis nach einigen Minuten am Ende des Weges eine Unterführung kommt. Nachdem Sie den Bahndamm unterquert haben gehen Sie nach rechts wieder am Bahndamm entlang und erreichen nach kurzer Zeit die Kameoka-Torokko-Station.

Berg Hiei und Enryaku-ji

Der Enryaku-ji-Tempel auf dem heiligen Berg Hiei-zan hat seine Wurzeln im 8. Jahrhundert. Vom Berg haben Sie an einigen Stellen einen herrlichen Ausblick auf Kyoto oder zur anderen Seite auf den riesigen Biwa-See. Die Tempelanlage mit ihren unzähligen Gebäuden erstreckt sich über weite Teile des Berges und ist ein wichtiges

Kulturdenkmal. Die Anlage verfügte in vergangenen Zeiten über 3.000 Gebäude und wurde von mehreren tausend Mönchen bevölkert. Der Tempel, in dem eine gefürchtete Armee von Kriegermönchen angesiedelt war, nutzte seine Macht, um sich auch in die Politik einzumischen. Der ständig wachsende Einfluss führte dazu, dass der Tempel Ende des 16. Jahrhunderts von dem Kriegsherrn Oda Nobunaga besetzt und niedergebrannt wurde.

Anreise
Mit dem Bus fahren Sie bis in die Nähe des Berges. Ein Stück abseits der Hauptstraße finden Sie die Station der privaten Eizan-Linie, die Sie bis zur Yase-Hieizan-Station nehmen. Danach folgt ein kurzer Fußweg entlang des Takano-Flusses bis zur Station der Eizan-Cable-Car. Von hier geht es zuerst auf Schienen bis ungefähr zur halben Berghöhe und danach weiter mit der Eizan-Seilbahn. Oben angekommen stehen Sie nach einigen Schritten vor einem kleinen Park. Entweder Sie gehen hindurch oder außen herum und gelangen zu einem kleinen Busbahnhof. Von hier fahren Sie dann einige Minuten zum Eingang des Tempels. Merken Sie sich gut, welchen Bus Sie für die Rückreise nehmen müssen.

Der kilometerlange Torii-Weg zum Fushimi-Inari-Taisha Schrein

Fushimi

Fushimi Inari-Taisha

Der im Süden von Kyoto liegende Fushimi Inari-Taisha ist sicher einer der eindrucksvollsten und bekanntesten Shinto-Schreine in Japan. Er wurde zu Ehren der Reis- und Sakegötter errichtet. Der Weg dorthin führt durch hunderte roter Tore (Torii), die sich etwa vier Kilometer auf den Berghängen entlangreihen. Viele wurden von Geschäfts- und Privatleuten gestiftet. Wenn Sie aufmerksam durch die Tore gehen, finden Sie auch das eine oder andere Hinweisschild auf den Spender. Sie werden unterwegs auf viele Fuchsstatuen stoßen. Der Fuchs gilt als Bote der Gottheit Inari.

Museum der Sake-Brauerei Gekkeikan Okura

Wenn Sie immer schon etwas über die Herstellung des beliebten Reis-Getränkes in Erfahrung bringen wollten, haben Sie in Fushimi Gelegenheit dazu. Die Gekkeikan-Brauerei hat hier ein Sake-Museum errichtet. (Siehe auch „Nützliche Links")

In der Suntori-Yamazaki-Destillerie wird der Whisky in Anlagen aus Schottland gebrannt

Fushimi, Anreise

Fushimi liegt ca. 30 Bahnminuten vom JR-Bahnhof Kyoto entfernt. Wie meistens gibt es verschiedene Bahnverbindungen.

Yamazaki

Sie interessieren sich für Whisky oder wollen einen Regentag überbrücken? Dann können Sie dem kleinen Ort Yamazaki zwischen Osaka und Kyoto einen Besuch abstatten. Ich hatte ja schon unter „Getränke" etwas zum japanischen Whisky gesagt. Hier können Sie die Yamazaki Whisky Destillerie der Firma Suntory und das dazugehörige Museum besichtigen. Zu den in englischer Sprache geführten Touren müssen Sie sich anmelden. Unter „Nützliche Links" finden Sie einen Link zur Homepage der Firma Suntory. Die aktuelle Telefonnummer für die Anmeldung sowie die Öffnungszeiten finden Sie auch auf der Page.

Yamazaki, Anreise

Von Kyoto benötigen Sie mit der JR-Kyoto-Line ca. 15 Minuten bis Yamazaki. Die Gebäude der Destillerie sehen Sie bereits beim Aussteigen aus dem Zug.

Osaka

Je nachdem ob man Yokohama zur Metropolregion Tokyo zählt oder nicht, ist Osaka die zweit- bzw. drittgrößte Stadt Japans. Osaka liegt ca. 50 Kilometer von Kyoto entfernt. Sie finden hier alles, was man von einer japanischen Großstadt erwarten kann. Den Einwohnern von Osaka wird nachgesagt, dass sie ständig essen. So ist es kein Wunder, dass die Küche Osakas einen ausgezeichneten Ruf hat. Im Kapitel „Kulinarisches" hatte ich ja auf das Gericht Okonomiyaki hingewiesen. Falls Sie diese Speise noch nicht probiert haben, bietet sich Osaka für einen Test dieser Spezialität aus Kansai an.

Das Nahverkehrsnetz ist auch in Osaka exzellent. Viele Ziele können in dieser Stadt mit einer Ringbahn, der JR-Osaka-Loop-Line, erreicht werden. Neben Sehenswürdigkeiten gibt es viele Shoppingmöglichkeiten und das Nachtleben hat auch einiges zu bieten. Das Einkaufs- und Vergnügungsviertel „Amerikamura" (siehe „Nützliche Links") ist für seine Bekleidungsläden bekannt. Insbesondere die Jugend Osakas fühlt sich in den vielen westlich orientierten Geschäften sehr wohl. Aber auch andere Gegenden und Orte, wie zum Beispiel Dotombori und die Shinsaibashi-Shopping-Arkade, laden zum Flanieren ein.

Der Nachbau der Burg von Osaka steht auf dem ehemaligen Burggelände, das heute ein großer Park ist

In den meisten Reiseführern sind die Informationen über Osaka relativ knapp gehalten. In der Regel werden der Shintennoji-Tempel und Sumiyoshi-Schrein sowie die Burg von Osaka genannt. Hinzu kommt noch der eine oder andere Park. Zur Burg ist anzumerken, dass die Rekonstruktion der imposanten Burg aus dem 16. Jahrhundert ein Nachbau aus Beton ist. Falls Sie ein paar Tage in Osaka verbringen sollten, gehört die Burg mit ihrem Parkgelände aber zum Pflichtprogramm.

Falls Sie sich für Aquarien interessieren, kann ich Ihnen das Osaka-Kaiyukan-Aquarium empfehlen. Einen entsprechenden Hinweis finden Sie wieder unter „Nützliche Links".

Obwohl Osaka aus touristischer Sicht kein „Muss" ist, hat die Stadt ihren eigenen Charme und sie ist ein guter Ausgangspunkt für Ausflüge nach Kansai und Chugoku.

Ausflugsideen für Kinki (Kansai) und Chugoku

Akiyoshido-Höhle

Die Akiyoshido-Höhle liegt unter Japans größter Karsthochebene. Es soll hier hunderte von Höhlen geben. Falls es Ihre Reiseplanung zulässt sollten Sie sich den zugänglichen Teil einer der größten Höhlen Asiens ansehen. Der Weg führt teilweise an einem breiten unterirdischen Fluss entlang und bietet viele wirklich schöne Eindrücke. Im hinteren Teil der Höhle gibt es einen Fahrstuhl, mit dem man auf die Karsthochebene fahren kann.

Anreise

Von der Shinkansen-Station Shin-Yamaguchi nehmen Sie den Bus. Er bringt Sie in ungefähr 40 Minuten zur Bus-Station nahe der Akiyoshido-Höhle. Da wir keinen JR-Bus fanden, haben wir am Bus-Terminal Shin-Yamaguchi ein Kombi-Ticket für Höhle und Busfahrt gelöst.
Von Hakata auf Kyushu benötigen Sie nach Shin-Yamaguchi gut 70 Minuten. Der Bus-Terminal liegt, wenn Sie aus dieser Richtung kommen, rechts vom Bahnhof. Von Osaka würde die Anreise mit dem Shinkansen bis Shin-Yamaguchi (Bus-Terminal dann auf der linken Bahnhofsseite) ca. 2 Stunden dauern.

Himeji

In der Stadt Himeji mit Shinkansen-Station zwischen Osaka und Hiroshima findet man die wohl schönste Burg Japans. Diese komplett erhaltene Burg wurde nie durch Kriege zerstört und ist ein nationaler Kulturschatz Japans. Sie zählt seit 1993 zum UNESCO-Weltkulturerbe. Die unter dem Namen „Burg des weißen Reihers" (Shirasagi-Jo) bekannte Burg ist ein „Muss" für Japantouristen. Wir hatten das Glück einer kostenlosen Führung durch einen englisch sprechenden Guide. Sie sollten hier auf keinen Fall einfach ohne Zwischenstopp vorbeifahren. Bereits vom Bahnhof aus können Sie die Burg sehen.

Himeji-Castle

Ise- (Shima-) Halbinsel

Für einen Tagesausflug von Osaka oder Kyoto aus, bieten ein Besuch des Ise-Schreins und der Mikimoto-Perleninsel viel Sehenswertes.

Sinterterrassen in der Akiyoshi-Höhle

Mikimoto-Perleninsel

Auf der Ise-Halbinsel wurde schon immer nach Perlen getaucht. Diese Aufgabe wurde und wird üblicherweise von Frauen wahrgenommen. Die japanische Bezeichnung für diese Muscheltaucherinnen ist „Ama". Heutzutage tragen die Taucherinnen unter ihrer traditionellen weißen Kleidung Neoprenanzüge. Die Frauen bleiben ohne Sauerstoffflaschen bis zu einer Minute unter Wasser und sollen Tauchtiefen zwischen 5 und 20 Metern erreichen können.

Kokichi Mikimoto gilt als Erfinder der Perlenzucht. Im Zusammenhang mit der Öffnung Japans im 19. Jahrhundert ergab sich auch eine steigende Nachfrage nach Perlen, die durch die natürlichen Bestände nicht mehr gedeckt werden konnte. Kokichi Mikimoto begann um 1890 mit der künstlichen Perlenzucht. Er experimentierte mit dem Einpflanzen verschiedener Fremdkörper in die Muscheln und hatte schließlich einen bahnbrechenden Erfolg.

Auf der Mikimoto Perleninsel zeigen die Ama ihre Tauchkunst und bei einem anschließenden Besuch des Museums können Sie einiges über die Perlenzucht erfahren.

Ise-jingu

Die Anlage des Ise-Schreins heißt eigentlich nur Jingu und besteht laut Jingu-Verwaltung aus 125 shintoistischen Schreinen. Die An-

Die Kaguraden-Halle im Ise-Schrein

lage gliedert sich in den Kotai-jingu (genannt Naiku oder innerer Schrein) und den Toyo'uke Daijingu (genannt Geku oder äußerer Schrein). Die beiden Bereiche liegen etwas auseinander. Zwischen Geku und Naiku gibt es auch eine Busverbindung.

Der Ise-Jingu ist der bedeutendste Shinto-Schrein Japans. Das Hauptheiligtum ist der Naiku. Er ist der Sonnengöttin Amaterasu-Omikami und der Kaiserfamilie gewidmet, welche ihre Abstammung direkt auf die Sonnengöttin zurückführt. Die weitläufige Anlage lädt zu einem ausgiebigen Spaziergang zwischen imposanten Bäumen ein.

Da der Ise-Schrein eine Pilgerstätte ist, sind die Hauptschreine für die Öffentlichkeit nicht zugänglich. Auch Versuche, durch Toröffnungen oder Zäune etwas zu sehen oder zu fotografieren, werden von den Aufsehern rigoros unterbunden. In einem der Schreine des Naiku soll eines der Throninsignien des Kaiserhauses, der Spiegel Yata no kagami, aufbewahrt werden. Dieses Relikt aus der japanischen Mythologie ist der Öffentlichkeit nicht zugänglich.

Auf der Homepage des Ise-Jingu (siehe „Nützliche Links") finden Sie Anfahrtshinweise sowie Lagepläne beider Bereiche des Schreins in deutscher Sprache.

Ise-Halbinsel, Anreise
Mikimoto-Perleninsel: Von Osaka aus erreichen Sie Toba in etwas über 2 Stunden. Mit der Osaka Loop Line fahren Sie bis zur Station Tsuruhashi. Sie wechseln zur Station der privaten Kintetsu Line und fahren dann bis Toba. Bis zur Perleninsel benötigen Sie vom Bahnhof Toba nur wenige Minuten zu Fuß.
Ise-jingu: Die Weiterfahrt von Toba mit der Kintetsu-Line zur Ise Station Isuzugawa für den Naiku dauert ungefähr 15 Minuten. Es folgt ein kurzer Fußweg. Sie können aber auch eine Station weiterfahren und ab Ujiyamada Station den Bus (Fahrzeit ca. 15 Minuten) zum Schrein nehmen.
Den Geku erreichen Sie, wenn Sie noch eine Station weiter bis Iseshi fahren und dann noch ca. 10 Minuten laufen.

Eine Ama auf der Mikimoto-Perlen-Insel springt in Ihrem traditionellen Outfit ins Wasser

Hiroshima

Der Name der Stadt Hiroshima im Süden von Chugoku ist untrennbar verbunden mit dem Tag, als die amerikanische Atombombe die Stadt quasi auslöschte. An diese Tragödie vom 6. August 1945 erinnert heute der Heiwa-koen (Hiroshima Peace Memorial Park). Der modernen Stadt ist die Katastrophe glücklicherweise nicht mehr anzumerken. Wir haben Hiroshima lediglich zur Anreise nach Miyajima gestreift.

Miyajima

Miyajima liegt unmittelbar vor der Küste in der Seto-Inlandsee und ist ca. 30 Quadratkilometer groß. Die heilige Insel Miyajima ist vor allem durch das vor der Insel im Wasser stehende zinnoberrote Torii bekannt. Das im Meer vor dem Itsukushima-Schrein stehende Tor gehört zu den drei schönsten Anblicken Japans. Die ungefähr 20 Kilometer von Hiroshima entfernt liegende Insel wird auch Itsukushima genannt und ist eine der am meisten besuchten Touristenattraktionen des Landes.

Auf der Insel laufen hunderte Hirsche und Rehe ohne Scheu vor den Touristen frei herum. Interessanterweise mochte dieses Wild gerne Papier stibitzen, um es zu verzehren. Itsukushima lässt sich gut zu Fuß besichtigen. Die Hauptattraktion der Insel ist ohne Zweifel der auf Pfählen stehende Itsukushima-Schrein. Am

Alte Bogenbrücke zum Itsukushima-Schrein auf Miyajima bei Ebbe

Das Rote Torii auf Miyajima steht bei Flut im Meer und ist der Eingang zum Itsukushima-Schrein und eines der beliebtesten Fotomotive für Touristen

schönsten soll sein Anblick bei Flut sein. Als wir die Insel besucht haben und am Torii ankamen, war gerade Ebbe und man konnte fast zu Fuß zum Itsukushima-Schreintor gehen. Dadurch wurde noch deutlicher, dass das Tor den Eingang zum Schrein darstellt.

Oberhalb des Itsukushima-Schreins auf einer kleinen Anhöhe finden Sie eine 5-stöckige Pagode und die Halle der tausend Tatami-Matten (Senjo-kaku), die Sie sich ansehen sollten. Wenn Sie genügend Muße haben, warten noch weitere interessante Objekte, wie zum Beispiel der Tempel Daisho-in, auf Ihren Besuch und auch ein Spaziergang durch die Gassen der Insel ist schön.

Anreise

Von der Shinkansen-Station Hiroshima benötigen Sie ca. eine halbe Stunde mit der JR-Sanyo Line bis zur Fährstation am Bahnhof Miyajimaguchi. Die Nutzung der JR-Miyajima-Fähre ist im JR-Pass enthalten. Von Kyoto aus würden Sie z. B. ungefähr 100 Minuten zusätzlich für die Anreise mit dem Shinkansen benötigen.

Nara

Die alte Kaiserstadt Nara kann man durchaus als Magnet für Japantouristen bezeichnen. Nara wurde im Jahr 710 gegründet und war bis 794 Japans erste offizielle Hauptstadt und wird oft auch als die Wiege der japanischen Kultur bezeichnet. Von Kyoto und Osaka aus ist die für japanische Verhältnisse relativ kleine Stadt Nara schnell erreichbar und bietet sich gut als Ziel für einen Tagesauflug an.

Bereits im Jahr 2000 konnten wir feststellen, wie gut Nara auf Touristen eingestellt ist. In der Touristeninformation in der JR-Nara-Station erhielten wir von den freundlichen und gut Englisch sprechenden Mitarbeitern einen Plan in deutscher Sprache. Die wichtigsten Wege und Sehenswürdigkeiten wurden markiert und schon konnten wir losmarschieren.

Schön ist es, dass die Hauptattraktionen nicht weit von der Bahnstation relativ nah beieinander im oder am Nara-Koen (Nara-Park) liegen. Dieser schöne Park mit seinen Teichen und Bachläufen lädt zwischen den Besichtigungen immer wieder zu einer kleinen Ruhepause ein. Ein besonders schöner Teil des Parks ist der Isui-en-Garten. Hierbei handelt es sich um einen traditionell gestalteten Garten der Meiji-Zeit.

Auf dem großen Gelände laufen mehr oder weniger zahme Hirsche und Rehe frei herum. Angst muss man vor diesen Tieren nicht haben. Die Tiere sind es gewöhnt, gefüttert zu werden und

Haupthalle der Tempelanlage Todai-ji in Nara (oben), in der der große Buddha Daibutsu-san mit weiteren imposanten Figuren sitzt (unten)

Im Kasuga-Schrein befinden sich über tausend Laternen, neben einer großen Anzahl hängender Metallaternen eine noch viel größere Anzahl stehender Steinlaternen. Lassen Sie sich überraschen.

Die Seto-Ohashi-Brücke verbindet die Hauptinseln Honshu und Shikoku

fordern dies auch gerne ein. Wir hatten nichts dabei und waren erstaunt, dass eines dieser zutraulichen Tiere blitzschnell nach dem vorher erwähnten Plan aus dem Tourismusbüro schnappte und dann genüsslich verspeiste, als wir uns auf einer Parkbank etwas Ruhe gönnten. Aber auch ohne diesen Plan war es dann kein Problem sich zurechtzufinden. Nachfolgend eine Übersicht der wichtigsten Sehenswürdigkeiten im Gebiet des Nara-Koen.

Kofuku-ji

Auf dem Weg vom Bahnhof wird Ihnen zuerst der bereits 669 gegründete Tempel Kofuku-ji und die in der Nähe liegende Fünfstöckige Pagode am Rand des Parkgeländes auffallen. Bevor es weiter in den schönen Park geht, sollten Sie die Anlage besichtigen, da hier einige Kulturschätze aufbewahrt werden.

Kasuga-Schrein

Über tausend steinerne Laternen säumen diesen Schrein, der ursprünglich aus dem Jahr 710 stammt. Er ist von einem herrlichen Kiefern- und Zedernwald umgeben.

Todai-ji

Die Hauptattraktion in Nara ist die Tempelanlage Todai-ji mit Haupthalle und Nebentempeln. Er ist ein Tempel der Superlative und gehört seit 1998 zum UNESCO Weltkulturerbe. So soll die Haupthalle des Todai-ji immer noch die größte Holzkonstruktion der Welt sein, obwohl sie im Rahmen der Erneuerungen kleiner als das Original aus dem 8. Jahrhundert ist. In der Haupthalle ist der große Buddha „Daibutsu-san" gemeinsam mit weiteren imposanten Figuren untergebracht. Die auf einem Podest sitzende Buddha-Statue mit über 16 Metern Höhe gehört zu den größten Bronzestatuen Japans und wird lediglich durch den noch relativ unbekannten Showa Daibutsu in Aomori mit einer Höhe von über 21 Metern übertroffen.

Okayama

Abgesehen davon, dass bei Okayama die Seto-Ohashi-Brücke mit einer Länge von über 10 Kilometern eine imposante Verbindung zwischen Honshu und Shikoku darstellt, hat die Universitätsstadt und auch die Umgebung touristisch einiges zu bieten. Wenn es die Zeit erlaubt, sollte man sich bei einem Zwischenstopp zumindest die Burg Okayama-jo und den Koruka-en-Garten ansehen. Einen Link für weitere Informationen finden Sie wie immer, unter „Nützliche Links".

Der Koruka-en ist einer der drei berühmtesten Gärten Japans. Seine Gestaltung mit den für japanische Gärten eher untypischen Rasenflächen ist sehr interessant. Je nach Jahreszeit bietet der Garten andere schöne Akzente. Im Hintergrund des Parks können Sie die Burg Okayama-jo bereits sehen. Die aus dem 16. Jahrhundert stammende Burg wurde im 2. Weltkrieg zerstört und 1966 rekonstruiert. Sie ist schwarz gestrichen und trägt auch den Namen Krähenburg. Im Burgmuseum lassen sich Waffen und Rüstungen aus der Samurai-Zeit besichtigen.

Shikoku

Mit diesen Zeilen über die kleinste der Hauptinseln habe ich mich etwas schwergetan. Man kann sich einfach nicht alles ansehen. Sie können z. B. die Pilgerroute mit den 88 Tempeln abwandern oder ins malerische Iya-Tal fahren und vieles mehr. Aber vermutlich reicht Ihre Urlaubszeit nicht aus. Selbstverständlich ist auch Shikoku verkehrstechnisch erschlossen. Aber die schnellen Shinkansen-Verbindungen fehlen und Expresszüge fahren auch nicht immer und überall.

So wollten wir zum Beispiel die Burgstadt Uwajima aufsuchen, wo zu bestimmten Zeiten Stierkämpfe stattfinden. Keine Angst, japanische Stierkämpfe sind unblutig und eher mit einem Sumo-Kampf zu vergleichen. Allerdings schreckte uns dann doch die Fahrzeit von Takamatsu von rund 8 Stunden für Hin- und Rückfahrt ab und übernachten wollten wir nicht. Obwohl ich an anderer Stelle gesagt habe, dass ich vom Autofahren in Japan abrate, kann ich mir vorstellen, dass man gerade in Gegenden wie Shikoku gut ein Auto gebrauchen könnte.

Anreise
Sie können Shikoku über verschiedene Fährverbindungen und Brücken erreichen. Empfehlenswert ist die Anreise per Zug über Okayama und dann über die Seto-Ohashi-Brücke nach Takamatsu.

Sie werden kaum darum herumkommen, das Besuchen von Zielen auf Shikoku mit einer Übernachtung oder gar mehreren Übernachtungen auf der Insel zu verbinden. Wir haben unseren Aufenthalt auf dieser Hauptinsel auf nur wenige Tage in Takamatsu begrenzt, um uns ein paar Dinge anzusehen, weil sonst die Zeit für uns wichtiger erscheinende Ziele verloren gegangen wäre. Nachfolgend unsere kleine Auswahl von Aktivitäten:

Deutsches Haus in Bando

Bando

Der kleine Ort Bando in der Gemeinde Naruto wartet zumindest für geschichtlich Interessierte mit einer Besonderheit auf. Von 1917 bis 1919 befand sich hier ein Kriegsgefangenenlager mit rund 1.000 deutschen Kriegsgefangenen, die im 1. Weltkrieg im Kampf um die damalige deutsche Kolonie Tsingtao (China) in japanische Gefangenschaft gerieten. Seine Berühmtheit als das menschenfreundlichste Lager in Japan verdankt Bando dem Lagerkommandanten Matsue Toyohisa, der Verständnis und Toleranz für die Bedürfnisse der Gefangenen aufbrachte und Ihnen eine gewisse Eigenverantwortung gab.

So entstand in Bando schnell ein kleines Stück Deutschland mit eigener Zeitung, Bäckerei und vielem mehr. Auch Begegnungen mit der örtlichen Bevölkerung wurden zugelassen. Es fanden auch Veranstaltungen statt, wie die erste Aufführung der „Neunten Sinfonie Beethovens" in Japan. Das Verhältnis zwischen Deutschen und Japanern war so gut, dass einige der gefangenen Deutschen nach der Freilassung in Japan blieben.

Über dieses sicher für die damalige und auch vermutlich heutige Zeit einmalige Lager entstand 2006 ein deutsch-japanischer Film mit dem Titel „Ode an die Freude", der auch bei uns in den Kinos und im Fernsehen lief.

Im Gedenken an die Kriegsgefangenen wurde in Bando 1972 das Deutsche Haus errichtet. In einer Ausstellung wird ausführlich über das damalige Lagerleben informiert. Seit 1974 ist Naruto die Partnerstadt von Lüneburg. Südlich des Deutschen Hauses (etwa zehn Minuten zu Fuß) liegt Doitsu Mura Koen, ein kleiner Park mit einem Denkmal mit den Namen der deutschen Gefangenen, die während ihrer Haft gestorben sind.

Modell einer Zelle im Lager Bando im Deutschen Haus

Anreise

Obwohl die reine Fahrzeit von Naruto nach Bando nur ca. 20 Minuten beträgt, benötigen Sie unter Umständen aufgrund von Wartezeiten 40 bis 50 Minuten. Mit der JR-Naruto-Linie fahren Sie bis Ikenotani. Von dort geht es weiter mit der JR-Kotoku-Linie bis Bando.

Von Takamatsu aus benötigen Sie ca. 70 bis 90 Minuten für die Fahrt. Auch hier müssen Sie nach Ikenotani. Achten Sie unbedingt darauf, dass Sie einen Ltd. Express „Uzushio" nehmen, da sich mit dem „Local-Train" die Fahrzeit verdoppelt. Von Ikenotani geht es dann weiter nach Bando.

Vom Bahnhof Bando brauchen Sie 20 Minuten zu Fuß zum Doitsu Mura Koen und nochmal weitere 10 Minuten zum Deutschen Haus.

Naruto-Gezeitenstrudel

In der Meerenge zwischen Shikoku und der Insel Awaji treffen die Gezeitenströmung der Seto-Inlandsee und des Pazifiks mit Geschwindigkeiten von 15 bis zu 20 Stundenkilometern bei einem Tidenhub von ca. 1,5 Metern aufeinander. Bei diesem turbulenten Naturschauspiel entstehen teilweise riesige Strudel, die einen Durchmesser von ca. 20 Metern erreichen. Der Naruto-Gezeitenstrudel gehört weltweit zu den größten Naturerscheinungen dieser Art.

Es gibt zwei Möglichkeiten, die Strudel zu beobachten. Wer seefest ist kann eines der Ausflugschiffe besteigen, die dicht an die

Ritsurin-koen in Takamatsu auf Shikoku

Strudel heranfahren. Abgesehen davon, dass die „christliche Seefahrt" nicht mein Ding ist, haben wir einen anderen Weg gewählt. Unter der Naruto-Brücke, die Teil des Shikoku mit Honshu verbindenden Brückensystems ist, gibt es eine 500 Meter lange Promenade. Am Ende der unter den Fahrbahnen der Brücke liegenden Promenade befindet sich 45 Meter über dem Wasserspiegel eine perfekte Aussichtsmöglichkeit auf die Strudel. Informieren Sie sich rechtzeitig über die Zeiten des zweimal täglich auftretenden Naturereignisses, da die Strudel nur in einer kurzen Zeitspanne in voller Ausprägung zu sehen sind.

Anreise
Naruto liegt rund 70 Kilometer von Takamatsu entfernt. Je nach gewähltem Zug benötigen Sie für die Fahrt zwischen 80 und 160

Minuten. Einfach mal bei HyperDia testen, welche Verbindung für Sie die Beste ist. Von Takamatsu nehmen Sie bitte einen Ltd. Express „Uzushio" bis Ikenotani. Von hier aus brauchen Sie dann mit einem Lokalzug der JR-Naruto-Linie noch ca. 20 Minuten bis Naruto. Vom Bahnhof machen Sie dann einen Spaziergang bis zur Brücke oder nehmen Taxi oder Bus.

Es soll auch die Möglichkeit geben, mit einem Linienreisebus zum Beispiel ab Osaka den Ort Naruto in ca. 2,5 Stunden zu erreichen. Einfach mal im Hotel oder in der Touristeninformation erkundigen.

Shikoku Mura

Das Museumsdorf Shikoku Mura liegt in der Nähe von Takamatsu an den Ausläufern des Berges Yashima. Auf dem schön angelegten Gelände stehen über 30 Bauwerke aus dem ländlichen Japan vergangener Zeiten. Wenn Sie das Museumsdorf betreten, stoßen Sie zuerst auf eine Hängebrücke, die über einen kleinen Teich gespannt ist. Beim Überqueren schaukelt es schon etwas und für Stöckelschuhe ist die Brücke nicht geeignet. Wenn Sie sich nicht trauen, können Sie aber auch auf der rechten Seite um den Teich herumgehen.

Hängebrücke im Museumsdorf Shikoku mura bei Takamatsu

Anreise
Von Takamatsu benötigen Sie mit der JR-Kotoku-Line knapp 20 Minuten bis zur JR-Station Yashima. Nach 10 bis 15 Minuten Fußweg erreichen Sie dann den Eingang zum Museumsdorf.

Ritsurin-koen

Das Areal des Ritsurin-Gartens in Takamatsu umfasst ca. 75 Hektar. Der Park aus dem 17. Jahrhundert hat bis heute seinen ursprünglichen Charakter erhalten und liegt ca. 10 Busminuten vom JR-Bahnhof Takamatsu entfernt. Er gehört mit zu den schönsten Gärten Japans. Planen Sie für Ihren Rundgang über künstliche Hügel, an Teichen und Teehäusern vorbei, mindestens 2 Stunden ein.

Keine Angst vor Japan

Der Aso-san in der Präfektur Kumamoto ist ein aktiver Vulkan, der sich regelmäßig mit Ausbrüchen und Aschewolken in Erinnerung bringt

Südjapan: Kyushu und Okinawa

Genauso wie der Norden Japans kommt auch das südliche Japan bei einer ersten Reise aufgrund der Entfernungen vermutlich nicht unbedingt als Ziel in Frage. Das soll aber nicht heißen, dass sich eine Reise nach Kyushu oder Okinawa nicht lohnt. Um es vorwegzunehmen, wir haben uns bereits mehrfach mit einer Planung für Okinawa auseinandergesetzt, dann aber doch wieder aus Zeitgründen davon Abstand genommen. Daher am Schluss dieses Kapitels nur allgemeine Hinweise zum südlichsten Teil Japans. Kyushu hingegen haben wir inzwischen mehrmals bereist.

Obwohl Kyushu die drittgrößte Insel Japans ist, haben wir bisher auf der südlichsten Hauptinsel nur wenige europäische Touristen getroffen. Ein Auto- und Bahntunnel sowie die Kammon-Brücke verbinden Süd-Honshu mit Kyushu. Das Klima ist hier milder als in anderen Landesteilen. Aktive Vulkane, Nationalparks sowie schöne Küsten und heiße Quellen prägen die Landschaft. Kyushu hat in der japanischen Geschichte immer eine wichtige Rolle gespielt. Hier bestanden schon früh gute Handelsbeziehungen mit anderen asiatischen Ländern und Mitte des 16. Jahrhunderts landeten hier die ersten portugiesischen und später auch holländischen Handelsschiffe. In der Zeit der Abschottung Japans vom Westen war die kleine Insel Dejima vor der Stadt Nagasaki das einzige Tor des Landes zum Westen. Wer sich für diesen Teil der japanischen Geschichte interessiert, dem empfehle ich das im Rowohlt Verlag erschienene Buch „Die tausend Herbste des Jacob de Zoet" von David Mitchell. Hier wird die Geschichte der holländischen Kaufleute, die auf der abgeriegelten künstlichen Insel Dejima vor Nagasaki ihren Handelsposten hatten, in interessanter Form erzählt.

Meine Highlights in Südjapan
- Nagasaki, früher Japans Tor zur Welt
- Blubbernde Höllen im Onsen-Ort Beppu
- Yoshinogari-Koen, ein Blick in Japans Vergangenheit
- Vulkan Sakura-jima in Kagoshima
- Ein heißes Sandbad in Ibusuki

Fukuoka/Hakata

Die größte Stadt auf Kyushu besteht eigentlich aus der Hafenstadt Hakata und der alten Burgstadt Fukuoka. Die durch den Fluss Nakagawa getrennten Städte wurden 1889 zusammengelegt. Noch heute werden beide Stadtnamen verwendet. Dies selbst innerhalb der Stadt. Wenn Sie eine Zugverbindung suchen, werden Sie feststellen, dass der Hauptbahnhof Hakata-Station heißt. Mit dem Flugzeug landen Sie aber auf dem Fukuoka-Airport.

Die Stadt bietet ein großes kulturelles Angebot und ist für ihre gute Küche und freundlichen Bewohner bekannt. Selbstverständlich gibt es in Fukuoka auch ein Aquarium und einen Zoo. Restaurants finden Sie quasi an jeder Ecke. Im Untergeschoss des Bahnhofes gibt es Essmeilen mit vielen durchaus guten Restaurants. In den oberen Geschossen des Bahnhofes gibt es ebenfalls Restaurantmeilen. Hier speisen Sie dann etwas teurer, dafür ist das Ambiente aber luxuriöser. Die moderne, weltoffene Stadt hat einige Parks, Tempel und Schreine sowie andere Sehenswürdigkeiten zu bieten.

Westlich des Nakagawa liegt Tenjin, der wichtigste Einkaufsbezirk der Stadt. Auf der östlichen Seite des Flusses befinden sich im Bezirk Nakasu unzählige Bars, Nachtlokale und Restaurants. Wenn Sie sich einige Tempel bzw. Schreine ansehen wollen, empfehle ich, dass Sie sich nordwestlich des Hauptbahnhofes in der Nähe der U-Bahnstation Gion zuerst den an der Taihaku-dori liegenden Tocho-ji Tempel ansehen. Schräg hinter dem Tocho-ji (eine der nächsten Querstraßen rechts dahinter abbiegen) liegt der Shofuku-ji, in dessen Umgebung Sie noch weitere Tempel besichtigen können.

Einen Besuch sind auch der Ohori-Park und das angrenzende Areal wert. Neben dem eigentlichen Ohori-Park, der überwiegend der Stadtbevölkerung als Oase zur Erholung dient, gibt es am Rand des Parks noch einen kleinen, sehr schönen japanischen Garten. Im angrenzenden Maizuru-Park können Sie sich die Ruinen der ehemaligen Burg von Fukuoka ansehen.

Fukuoka: Der 284 Meter hohe Fukuoka-Tower bietet von der Aussichtsplattform einen herrlichen Ausblick auf die Stadt und das Meer

In Dazaifu, einem Vorort Fukuokas, liegt in der Nähe der Dazaifu Station die schöne Anlage des Dazaifu-Tenmangu Schreins. Außerdem gibt es noch das Kyushu National Museum sowie den Komyozenji Tempel mit einem schönen japanischen Garten. Nehmen Sie nach Dazaifu entweder die Nishitesu-Linie bis zur Dazaifu-Station oder einen Bus bis zur Haltestelle Miya-mae.

Wir hatten Hakata als Ausgangspunkt für andere Ziele in der Region gewählt und haben uns dann überwiegend nach der Rückkehr mit Zielen in der Stadt beschäftigt. Fall Sie etwas Ähnliches vorhaben, sollten Sie sich eine Übernachtungsmöglichkeit in der Umgebung des Hauptbahnhofes suchen. Sie sparen morgens Zeit und können durch die verkehrstechnisch zentrale Lage auch alle Ziele in der Stadt schnell erreichen.

In Beppu treten heiße Quellen mit farbigem Wasser an die Oberfläche

Anreise:

Von Shin-Osaka zur Hakata-Station benötigen Sie mit dem Shinkansen ca. 3 Stunden. Wenn Sie von Tokyo aus starten, müssen Sie ca. 6 Stunden einplanen. Fukuoka verfügt über einen internationalen Flughafen. Wenn Sie einen Inlandsflug ab Tokyo in Erwägung ziehen, reduziert sich die Reisezeit unter Berücksichtigung der Anreise zum Flughafen und eventueller Wartezeiten auf ca. 3,5 Stunden. Einfach mal die Verbindungsmöglichkeiten auf HyperDia ansehen. Hier werden auch Flugverbindungen aufgeführt. Wenn Sie nur an der Zugverbindung interessiert sind, können Sie Flugverbindungen bei der Suche ausschließen.

Ausflugsideen für Nord-Kyushu

Beppu

Der Onsen-Ort Beppu ist einer der bekanntesten Badeorte in Japan. Zahlreiche heiße Thermalquellen und öffentliche Bäder locken scharenweise Besucher an. Wenn man in Beppu ankommt, befindet man sich in einer japanischen Stadt, die ich auf den ersten Blick nicht unbedingt als Bade- oder Kurort bezeichnen würde.

Keine Angst vor Japan

Der Geysir Tatsumaki-Jigoku bricht ca. alle 30 Minuten aus, das Wasser ist 105 °C heiß

Beppu ist nicht nur für seinen Kur- und Badebetrieb bekannt, sondern auch für seine Höllen. Es handelt sich hierbei um blubbernde Schlammteiche und einen Geysir. Jede dieser Höllen muss einzeln besichtigt werden. Einige bieten zusätzlich ein Vergnügungspark-Ambiente, was zumindest im Hinblick auf die Tierhaltung nicht jedem Besucher gefallen dürfte. Aber es ist schon interessant zu sehen, wie die Erde an allen Ecken brodelt und Dämpfe aufsteigen.

In der Touristeninformation am Bahnhof können Sie ein rabattiertes Sammelticket für alle Höllen kaufen. Vom Bahnhof nehmen Sie den Bus. Ob das Busticket bereits in dem Sammelticket enthalten ist und welche Linie Sie aktuell wählen können, erfragen Sie bitte beim Ticketkauf. Die ersten sechs Höllen im Bezirk Kannawa werden durch verschiedene Buslinien relativ häufig angefahren und sind alle von einer Busstation aus zu erreichen. Die zwei weiteren liegen zwar auch an einer Busstrecke, müssen aber extra angefahren werden. Der Besuch der Höllen, entweder verbunden mit etwas Sightseeing oder mit einem Kurzbesuch in einem Onsen, lässt sich als Tagesausflug von Hakata aus bewerkstelligen. Auf YouTube gibt es zum Schnuppern einige Videos zu Onsen und Höllen.

Anreise

Von Hakata aus benötigen Sie mit dem Ltd. Express Sonic ca. 2 Stunden, ohne umsteigen zu müssen. Wenn Sie einen Shinkansen bis Kokura nehmen, lassen sich ca. 15 bis 25 Minuten sparen. Ab Kokura nehmen Sie dann wieder den Ltd. Express Sonic.

Karatsu

Karatsu liegt in der für die Produktion von japanischem Porzellan bekannten Präfektur Saga. Neben Karatsu sind die Städte Arita, Yobuko und Imari Garanten für hochwertiges Porzellan. Die Keramikproduktion in Karatsu ist von koreanischen Einflüssen geprägt. Porzellan aus Karatsu ist zum Beispiel bei Liebhabern der Teezeremonie sehr begehrt. Falls Sie sich für Keramik interessieren, macht ein Besuch der Stadt oder Gegend sicher Sinn.

Die Touristeninformation finden Sie am JR-Bahnhof Karatsu. Am Bahnhof gibt es auch die Möglichkeit, sich Fahrräder zu mieten. Mit dem Rad sind Sie in wenigen Minuten am Meer. Auf Keramikgeschäfte werden Sie an vielen Ecken der Stadt stoßen. Er-

Die Burg von Kumamoto

Beim Karatsu-Kunchi-Matsuri ist die ganze Stadt auf den Beinen

wähnenswert ist, dass es sich bei Karatsu um eine alte Burgstadt handelt. Die auf einem Hügel liegende Burg kann besichtigt werden. Wir hatten den Ort anlässlich des jährlich stattfindenden Karatsu-Kunchi-Matsuri aufgesucht. Obwohl wir einen Tag mit Regenschauern erwischt hatten, waren der Besuch dieses Festes und die Erkundung des Ortes ein schönes Urlaubserlebnis. Es ist schon erstaunlich, mit welcher Begeisterung Japaner aller Altersklassen ihre traditionellen Volksfeste feiern.

Anreise
Von Hakata brauchen Sie ca. 90 Minuten nach Karatsu. Mit der Kuko-Line der Hakata City Subway fahren Sie bis Meinohama und nehmen dann einen Zug der JR-Chikuhi-Line bis Karatsu.

Kumamoto

Kumamoto wird meistens im Zusammenhang mit seiner berühmten Burg erwähnt. Die Gegend um Kumamoto ist aber auch bei Reisenden beliebt, die sich im Aso-Nationalpark den riesigen Krater des Aso-san ansehen wollen. Der Vulkankrater ist ca. 50 Kilometer von Kumamoto entfernt. Aufgrund von Eruptionen und Gasemissionen wird er aber regelmäßig für Besucher gesperrt.

Kumamoto-jo

Diese Burg ist das Wahrzeichen der Stadt Kumamoto. Die ursprüngliche Anlage wurde 1877 fast vollständig zerstört. Die heutige liebevolle Rekonstruktion zählt mit zu den schönsten Burganlagen in Japan. Sie beherbergt ein Museum, in dem Samurai-Rüstungen, Schwerter, Sänften und andere japanische Exponate zu bewundern sind. Leider wurde die Burg durch das Erdbeben 2016 beschädigt. Aber wie ich die Japaner kenne, wird alles wieder schnell aufgebaut sein.

Suizenji Jojuen

Ein weiteres Ziel in Kumamoto ist der Suizenji-Garten. Dieser schöne japanische Landschaftsgarten wurde im 17. Jahrhundert erbaut. Er bildet in Miniaturform die 53 Stationen des Tokaido ab, der alten Straße, die Kyoto während der Edo-Zeit mit Tokyo verband.

Anreise
Von Hakata benötigen Sie mit dem Shinkansen nach Kumamoto ca. 40 bis 50 Minuten.
Kumamoto Burg
Die Kumamoto Burg befindet sich im Zentrum der Stadt. Mit der Straßenbahn dauert es vom Bahnhof JR Kumamoto ca. 15 Minuten bis zur Haltestelle Kumamoto-jo-Mae.
Suizen-ji-koen
Fahren Sie einfach nach dem Besuch der Burg mit der Straßenbahn weiter bis zur Haltestelle Suizen-ji-koen und gehen wenige Minuten bis zum Park.

Nagasaki

Der Name der Stadt ist, ähnlich wie der von Hiroshima, mit dem Abwurf der 2. Atombombe durch die US-Armee am 9. August 1945 verbunden.

Wenn Sie sich für die tragischen Ereignisse interessieren, bietet sich ein Besuch des Friedensparks und des Atombombenmuseums an.

Wir haben die Stadt von Hakata aus im Rahmen eines Tagesausflugs besucht. Uns hatte insbesondere alles interessiert, was mit der Zeit der Abschottung und der Wiederöffnung Japans im Zusammenhang steht. Wie eingangs erwähnt, war Nagasaki lange das Tor zum Westen und – aufgrund der Lage – auch zu anderen asiatischen Ländern. Genauso wie oft in anderen Hafenstädten dieser Welt kann man die Weltoffenheit der Stadt tatsächlich spüren. Wenn man sich die Lage von Nagasaki ansieht, versteht man auch, warum die

REISEZIELE – SÜDJAPAN

Vom Glover-Garden hat man einen tollen Blick auf die Bucht von Nagasaki

Shogune diesen quasi am Ende Japans liegenden Zipfel des Landes für den einzigen Handelspunkt mit dem Westen gewählt hatten.

Wenn Sie angekommen sind, kaufen Sie sich am besten in der Tourismusinformation am Bahnhof gleich ein Tagesticket für die Straßenbahn. Es lohnt sich, da die Stadt gut durch Straßenbahnlinien erschlossen ist. Viele der interessanten Ziele sind auf diese Weise schnell zu erreichen. Lassen Sie sich für eventuelle Fußmärsche in der Touristeninformation auch Stadtpläne und Prospekte der einzelnen Sehenswürdigkeiten mitgeben.

Anreise
Nehmen Sie ab Hakata den Ltd. Express Kamome. Sie benötigen für die Fahrt gut zwei Stunden. Eine Shinkansen-Verbindung gibt es bisher nicht und ist auch erst für das Jahr 2023 geplant. Versuchen Sie, auf der Hinreise einen Platz am Fenster auf der linken Seite des Zuges zu reservieren bzw. auf der rechten Seite auf der Rückfahrt. So können Sie den Ausblick auf die Küste des Ariake-Meeres genießen.

Sehenswertes in Nagasaki
Nachfolgende Ziele stellen ein im Rahmen eines Tagesausfluges gut zu bewältigendes Programm dar. Falls Sie mehrere Tage in Nagasaki bleiben wollen gibt es weitaus mehr zu sehen. Aber packen

Straße im Dejima-Museumdorf in Nagasaki

Sie nicht zu viel in einen Tag. Außerdem sind Kaffeetrinken und Shoppen nicht zu unterschätzen, wenn es darum geht, Land und Leute kennen zu lernen.

Dejima

Mitte des 17. Jahrhunderts wurde die künstliche Insel Dejima vor Nagasaki angelegt. Sie diente ursprünglich der Trennung von westlichen Ausländern und der japanischen Bevölkerung. Mit der Abschottung Japans wurde die Insel als japanisch-holländischer Handelsposten zur einzigen offiziellen Verbindung mit dem Westen. Heute liegt Dejima nach Landgewinnungsmaßnamen nicht mehr direkt am Wasser, sondern ein kleines Stück landeinwärts. Bei einem Besuch des kleinen Dejima-Museumsdorfes können Sie sich einen Eindruck von dem damaligen Leben machen. Die Gebäude wurden liebevoll nach historischen Vorlagen rekonstruiert.

Anreise
Sie erreichen Dejima von der JR-Station Nagasaki mit der Straßenbahnlinie 1 in Richtung Shokakuji-shita in wenigen Minuten. Steigen Sie bitte an der Station Dejima aus.

REISEZIELE – SÜDJAPAN

Das Glover House im Glover-Garden, Nagasaki

Glover Garden

Der weitläufige Park beherbergt eine Ansammlung von Häusern im westlichen Stil des 19. Jahrhunderts und bietet einen tollen Blick auf den Hafen von Nagasaki. Der Garten wurde um 1863 von dem einflussreichen schottischen Unternehmer Thomas Glover nahe der Oura Catholoc Church angelegt und nach ihm benannt. Glover baute unter anderem Japans erste moderne Schiffswerft und verhalf jungen Japanern trotz bestehendem Reiseverbot zu Studien in Europa. Mit Waffenverkäufen trug er zum Sturz des Shogunats und damit zur Etablierung der Meiji-Restauration bei.

Oura-Kirche

Die 1864 errichtete, mit einem gotischen Altar ausgestattete Oura Catholic Church ist eine der ältesten Kirchen Japans. Sie ist den 26 Christen gewidmet, die im 16. Jahrhundert gekreuzigt wurden.

Anreise
Glover Garden und Oura-Kirche liegen ca. 5 Minuten zu Fuß von den Straßenbahnhaltestellen Oura-Tenshudo-shita oder Ishibashi der Straßenbahn Linie 5 entfernt.

Die Katholische Oura-Kirche ist eine der ältesten Japans

Sofuku-ji in Nagasaki, ein alter chinesicher Tempel im Stil der Ming Dynastie

Shimin-Byoin-mae (Holländerhang)

Der Holländerhang war früher Kern der ausländischen Gemeinde in Nagasaki. Die gepflasterten Straßen und Plattenwege waren seinerzeit von Holzhäusern gesäumt, von denen einige liebevoll restauriert wurden. Der Holländerhang liegt quasi gegenüber dem Berg mit dem Glover Garden in der Nähe der Straßenbahnstation Ishibashi.

Shinchi-Chinatown

Nagasakis Chinatown ist bei Touristen beliebt und vor allem für seine Restaurants und lokalen Nudelgerichte bekannt. Die Ursprünge reichen ins 17. Jahrhundert zurück. Obwohl von der ursprünglichen Größe und Bedeutung heute sicher nur noch wenig zu erkennen ist, lohnt sich ein Gang durch die Straßen. Bei gutem Wetter erwartet Sie, nachdem Sie durch eines der Eingangstore gegangen sind, ein buntes Treiben, viele kleine Geschäfte, Imbissstände und Restaurants.

Anreise

Wenn Sie zu Fuß vom Glover Garden nach Chinatown gehen, kommen Sie zuerst am Konfuzius-Schrein mit dem Museum für chinesische Geschichte vorbei. Danach finden Sie am Holländerhang die gut renovierten Häuser und sind dann bald in Chinatown. Alternativ nehmen Sie die Straßenbahn bis zur Station Tsukimachi und laufen dann ein Stück.

Sofuku-ji

Dieser Tempel wurde 1629 von chinesischen Einwohnern Nagasakis erbaut. Er gilt als Beispiel für Tempelbauten der Ming-Dynastie und ist ein japanischer Nationalschatz.

Anreise

Als Alternative zum Fußmarsch von Shinchi-Chinatown, können Sie mit den Straßenbahnlinien 1 und 4 bis zur Station Shokakujishita fahren, von dort ist es nur ein kurzer Fußweg zum Tempel.

Farbige Holzhäuser am Holländerhang in Nagasaki

Yanagawa

Die alte Festungsstadt Yanagawa liegt rund 40 Kilometer südlich von Fukuoka. An die ehemalige Burg erinnern heute nur noch ein paar Festungsgräben. Diese Gräben bilden die Grundlage für ein ausgedehntes Kanalsystem. Die Kanäle führen an touristischen Sehenswürdigkeiten vorbei und werden daher für Bootstouren genutzt. Diese etwa 70 Minuten langen Bootsfahrten ermöglichen bei schönem Wetter einen malerischen Blick auf die Stadt von der Wasserseite aus. Die flachen Boote werden mittels langer Stangen durch die Kanäle gestakt.

Wenn Sie an der Tenjin-Station der Nishitetsu-Linie ein Kombiticket gekauft haben, bringt Sie ein Bus von der Bahnstation zum Startpunkt der Bootsfahrten. Die Fahrten enden im historischen Teil der Stadt. Hier können Sie noch die Ohana-Villa, den Shoto-en-Garten sowie eine kleine Ausstellung mit Rüstungen und anderen historischen Ausstellungsstücken besichtigen. Danach nehmen Sie den Bus zurück zum Bahnhof.

Im Yoshinogari-Koen finden Sie eine große Anzahl von rekonstruierten Gebäuden

Anreise Yanagawa

In Hakata fahren Sie mit der U-Bahn zur Tenjin Station der Nishitetsu-Linie und dann weiter mit einem Limited Express ca. 50 Minuten nach Yanagawa. Bevor Sie durch die Schranken gehen, kaufen Sie sich am besten das vorher erwähnte Kombiticket.

Yoshinogari-koen

Diese etwa 40 Hektar große archäologische Stätte mit Ausgrabungen aus der Yayoi-Zeit (ca. 300 vor Christus bis 300 nach Christus) ist für die japanische Geschichte von immenser Bedeutung.

Um das Leben der Vorzeit darzustellen, wurden einige von Palisaden geschützte Dörfer und Siedlungsgemeinschaften rekonstruiert. In einer überdachten Ausgrabungshalle sind Grabstellen dieser Epoche zu besichtigen. Außerdem zeigt eine Ausstellung Artefakte aus der damaligen Zeit. Einige dieser Fundstücke wurden sogar auf ca. 400 Jahre vor Christus datiert.

Anreise

Von Hakata benötigen Sie je nach Bahnverbindung zwischen 30 und 50 Minuten für die Fahrt. Ab Hakata nehmen Sie den Shinkansen „Sakura" oder einen Limited Express Kamome bis Tosu.

Von hier geht es mit der JR-Nagasaki-Line bis zum JR-Bahnhof Yoshinogari Koen. Vom Bahnhof benötigen Sie dann noch ca. 15 Minuten zu Fuß bis zum Park. Der Weg ist relativ einfach zu finden.

Kagoshima

Die Hafenstadt Kagoshima mit ihrem mediterranen Klima liegt in der Kagoshima-Bucht an der Südwestspitze der Insel Kyushu auf der Satsuma-Halbinsel. Ob der Besuch der Stadt im Rahmen einer ersten Japanreise sein muss, ist aufgrund der langen Anreise fraglich. Es lohnt sich nur, wenn man sich längere Zeit auf Kyushu aufhalten will und bereit ist, auch in Kagoshima zu übernachten. Nur so ist man in der Lage, sich weitere Ziele im Umfeld anzusehen.

Anreise
Die Fahrt an diesen Zipfel der Insel Kyushu dauert mit dem Shinkansen von Hakata ca. 2 Stunden.

Sehenswertes in Kagoshima

Die Touristeninformation am JR-Bahnhof Kagoshima-chuo hält Informationen in englischer Sprache bereit. Die Stadt selbst bietet die üblichen Einkaufsmöglichkeiten. Die Nähe zu anderen asiatischen Ländern hat auch in der Küche dieser Region ihren Einfluss hinterlassen. Neben einigen Museen und Badehäusern sind auch das Aquarium und der Fischmarkt einen Besuch wert. Nachfolgend ein paar Worte zu zwei besonderen Sehenswürdigkeiten:

Sakura-jima
Das Wahrzeichen der Stadt Kagoshima ist der aktive Vulkan Sakura-jima. Er thront quasi über der Stadt und prägt mit seiner majestätischen Erscheinung das Bild derselben. Kagoshima leidet, wie die gesamte Umgebung, unter dem regelmäßigen Ausstoß von Vulkanasche. Die Anwohner gehen mit dieser Tatsache relativ gelassen um. Wenn es Asche regnet, spannt man einfach den Regenschirm auf.

Der sehr aktive Vulkan spuckt nicht nur oft Aschewolken aus, hin und wieder finden auch kleinere und größere Eruptionen statt.

Der aktive Vulkan Sakura-jima bei Kagoshima stößt regelmäßig Asche aus

Der letzte große Ausbruch war 1914. Der Lavafluss damals war so groß, dass sich die ehemalige Vulkaninsel mit dem Festland verband. Das Vulkangebiet kann mit einer Fähre von Kagoshima aus erreicht werden. Die Fahrzeit für die 4 Kilometer lange Strecke beträgt ca. 15 Minuten. Es gibt Aussichtspunkte und ein Besucherzentrum. Interessierte können an einer Busbesichtigungstour teilnehmen.

Ein Besuch der Lavafelder entführt einen in eine Mondlandschaft. In der Umgebung des Vulkans Sakura-jima sollen aufgrund der Fruchtbarkeit der Vulkanasche die größten Rettiche der Welt wachsen.

Sengan-en-Garten (Isotei-en koen)

Eine weitere Attraktion der Stadt Kagoshima ist diese 50.000 Quadratmeter umfassende Gartenanlage mit besonderer Ästhetik. Sie schließt den Sakura-jima als quasi geliehene Landschaft in sich ein.

Der Garten wurde im Jahr 1658 angelegt und gehörte ursprünglich zur Residenz der mächtigen Shimazu-Familie. Der in der Parkmitte liegende ehemalige Familiensitz wurde um 1880 rekonstruiert und kann besichtigt werden.

Blick vom Sengan-en-Garten auf den Sakura-jima bei Kagoshima

Satsuma-Halbinsel

Ibusuki

Ibusuki an der Südostspitze der Satsuma-Halbinsel liegt rund 50 Kilometer von der Stadt Kagoshima entfernt und ist ein beliebter japanischer Urlaubsort. Der Onsen-Ort Ibusuki ist besonders für seine Sandbadekultur berühmt. Sandbäder werden in verschiedenen Einrichtungen angeboten. Ein beliebter Sandbadeplatz ist die „Saraku-Sand-Bade-Halle", die etwa einen Kilometer von der JR-Ibusuki-Station entfernt ist. Nachdem Sie Ihren Eintritt gezahlt haben, erhalten Sie einen Yukata und gehen dann weiter zum Strand. Hier werden Sie dann für ca. 10 bis 20 Minuten in den heißen Sand eingegraben. Danach reinigen Sie sich und können sich dann noch im Onsen der Sandbadehalle weiter erholen.

Noch ein Hinweis: Wenn Sie im Bereich der Sandbäder am Strand spazieren gehen, achten Sie bitte darauf, dass Sie nicht mit den Füssen ins Wasser treten. Das Meerwasser ist hier an einigen Stellen kochend heiß.

Anreise
In abgelegenen Gegenden, wie der Satsuma-Halbinsel, ist ein Mietwagen sicher das beste Verkehrsmittel. Aber wie im Kapitel Mietwagen beschrieben, müssen Sie, um überhaupt mit dem Auto fahren zu dürfen, einiges an Aufwand betreiben. Die Halbinsel wird von der JR-Ibusuki-Makurazaki-Linie und von einigen Buslinien bedient.
Da nur eine sehr begrenzte Anzahl von Zügen auf dieser Strecke verkehrt, sollten Sie sich im Vorfeld genau informieren. Die Fahrzeit beträgt ca. 50 Minuten. Lassen Sie sich bitte im Tourismus-Büro die entsprechenden Busverbindungen und eventuelle Alternativen aufzeigen.

Sandbad in Ibusuki

Kaimon-dake

Der ruhende Vulkan Kaimon-dake mit einer Höhe von 924 Metern zählt mit zu den beliebtesten Bergen in Japan. Er wird auf Grund seiner besonderen Form auch Satsuma-Fuji genannt. Es gibt Wanderwege auf den Gipfel, die Besucher an Tagen mit klarer Sicht mit herrlichen Ausblicken belohnen.

Anreise
Wir haben den Ort Kaimon von Kagoshima aus mit dem Bus aufgesucht. Obwohl es eine Bahnverbindung mit Regionalzügen zwischen Kagoshima und dem Ort Kaimon gibt, hatte uns ein Japaner mit seinem Privatwagen nach Ibusuki gefahren. Den Grund hierfür finden Sie im Abschnitt kleine Aufmerksamkeiten. Von Ibusuki aus ging es mit der Bahn zurück nach Kagoshima.

Okinawa

Wie bereits erwähnt, haben wir Okinawa bisher nicht bereist, obwohl die zu der Ryukyu-Insel-Gruppe gehörende subtropische Insel sicher einen Besuch wert ist. Direktflüge von Deutschland nach Okinawa gibt es nach meiner Kenntnis nicht. Aber ein Wechsel des Fliegers in Tokyo sollte wohl kein Besuchshindernis sein.

Vom Hakodate-yama hat man einen wundervollen Blick auf das nächtliche Hakodate

Nordjapan: Tohoku und Hokkaido

Der Norden Japans wird zumindest von europäischen Touristen nicht stark frequentiert. Das liegt auch daran, dass sich Ziele nördlich von Sendai abseits der Shinkansen-Stationen oft nicht mehr für einen Tagesausflug anbieten. Trotzdem ist ein Aufenthalt im nördlichen Japan lohnenswert, wenn man die gewaltige Natur dieser Region kennenlernen möchte und ein paar Reisetage dafür erübrigen kann.

Wir haben uns bisher nur zweimal in den Norden begeben. Vor dem Tsunami im Jahr 2011 hatten wir Matsushima in Form einer Tagestour von Tokyo aus aufgesucht, und 2015 haben wir uns einige Tage in und um Aomori und Hakodate aufgehalten. Wir haben auch diese Teile des Landes ausschließlich mit öffentlichen Verkehrsmitteln bereist. Ich muss aber zugeben, dass ich den einen oder anderen Trip auch gerne mit dem Auto gemacht hätte.

> **Meine Highlights in Nordjapan**
> - Hakodate und der einmalige Blick vom Hakodate-yama
> - Die Oirase Schlucht mit steilen Felshängen und Wasserfällen
> - Hirosaki mit Samurai-Villen, Burg und Park
> - Matsushima, ein schöner Ausblick und viele kleine Inseln
> - Der Showa Daibutsu im Seiryu-ji Tempel in Aomori
> - Der alte Samurai-Bezirk in Kakunodate

Tohoku

Tohoku ist die nördlichste Region der Hauptinsel Honshu und verspricht im Winter viel Schnee. Selbst in der 2. Maihälfte kann man in den Gebirgen noch große Schneeflächen sehen.

Aomori

Aomori, die Hauptstadt der gleichnamigen Präfektur im nördlichsten Teil von Honshu, bietet aus meiner Sicht touristisch eher weniger. Neben einigen Museen und dem einen oder anderen Tempel gibt es die archäologische Fundstätte Sannai Maruyama zu sehen.

Als großer Verkehrsknotenpunkt bietet sich ein Aufenthalt in der Stadt an, wenn man die touristischen Ziele der Gegend mit öffentlichen Verkehrsmitteln bereisen will. Wir hatten aus diesem Grund ein Hotel in der Nähe des Bahnhofes gewählt. In der Bahnhofsumgebung gibt es auch einige gute Sushi-Lokale. Allerdings waren Speisekarten in Englisch die Ausnahme, was aber kein Problem darstellte.

Die Touristeninformation befindet sich am Busbahnhof direkt neben dem Ausgang der JR-Station. Außerdem gibt es unweit des Bahnhofes am Hafenrand noch das Aomori Präfektur Tourist Cen-

Das Nebuta-Matsuri ist ein großes Ereignis in Aomori und den Nachbarorten

ter. Dieses A-förmige Gebäude hat eine Aussichtsplattform, von der man einen guten Blick über Stadt und Hafen hat.

Wenn Sie sich für Märkte interessieren, können Sie einen Abstecher zum Auga-Fischmarkt im Untergeschoss des Auga City Shopping-Centers machen. Das Einkaufszentrum liegt in unmittelbarer Nähe der JR-Station Aomori. Wenn man aus dem Bahnhof kommt, liegt es auf der rechten Seite am Ende des ersten Häuserblocks. Es werden alle Arten von frischen, lokalen Meeresfrüchten und auch Gemüse angeboten. Es gibt auch ein paar Restaurants, die Meeresfrüchte anbieten.

Falls Sie Anfang August in Aomori sind, sollten Sie auf keinen Fall das Nebuta Matsuri versäumen.

Anreise

Von Tokyo Station benötigen Sie mit dem Shinkansen Hayabusa bis Shin-Aomori etwas mehr als 3 Stunden. Ab Shin-Aomori fährt die JR-Ou-Linie ca. 6 bis 10 Minuten bis Aomori-Station.

Ausflugziele um Aomori

Aus Aomori können Sie Ziele ansteuern, die Sie in die Natur Japans oder ruhige Onsen in den Bergen entführen. Aber auch kulturell interessante Orte lassen sich aufsuchen. In der Touristeninformation am Bahnhof erhalten Sie die benötigten Informationen und Busfahrpläne. Hier wieder eine Auswahl für Ihre Reiseplanung:

Hakkoda-san, Sukayu Onsen, Oirase-Schlucht und Towada-ko

Diese vier Ziele haben die Gemeinsamkeit, dass sie alle mit der gleichen Busverbindung aus Aomori zu erreichen sind. Wie bereits erwähnt, hatten wir zum Übernachten Aomori gewählt und haben dann die Ziele in Tagestouren besucht. Dies hatte den Vorteil, dass wir bei schlechter Wetterlage spontan andere Ziele mit mehr Indoor-Aktivitäten hätten wählen können. Nachläufig betrachtet, hätte man sicher auch eine oder zwei Übernachtungen in einem der vielen Onsen-Hotels auf der Strecke machen können, zum Beispiel am Towada See oder im Sukayu Onsen. Hierdurch würden sich dann auch andere Reiserouten ergeben. Aber auch die mehr-

Azaleenblüte in der Oirase-Schlucht

malige Fahrt mit dem Bus durch die landschaftlich interessante Gegend war schön.

Egal, wie Sie Ihre Reiseroute festlegen, Sie sollten sich bei der Planung mit den Busfahrzeiten des JR-Lake-Towada-Sightseeing-Busses (siehe „Nützliche Links") beschäftigen. Die Nutzung dieses Fernbusses ist im JR-Pass enthalten. Es gibt im Internet unterschiedliche Aussagen zum Thema Sitzplatzreservierung. Erkundigen Sie sich bitte unbedingt spätestens am Tag vor der Fahrt am Busschalter in der Touristeninformation in Aomori, ob Sie vielleicht Sitzplätze reservieren müssen.

Hakkoda-san

Der Hakkoda-San ist eine Ansammlung von Gipfeln ruhender Vulkane zwischen Aomori und dem Towada-See. Diese Gegend, in der es auch viele heiße Quellen gibt, ist ein bekanntes Wintersportgebiet und gehört zu den schneereichsten Gebieten der Erde. In den anderen Jahreszeiten laden unberührte Wälder, Sümpfe und die Alpenflora zum Wandern ein. Die Wandersaison erstreckt sich von Mai bis Mitte Oktober. Es gibt einen Rundweg und längere Wanderouten, von denen eine auch zum Sukayu-Onsen führt. Auf den 1.585 Meter hohen Berg kommen Sie mit der Hakkoda-Seilbahn.

Anreise Hakkoda-san

Mit dem JR-Bus benötigen Sie von Aomori bis zur Hakkoda-Ropeway-Station ca. 60 Minuten.

Oirase Schlucht

Eine Wanderung in dieser imposanten 15 Kilometer langen Schlucht am Oirase-gawa, der dem Towada-See entspringt, sollten Sie nicht versäumen. Empfehlenswert ist die Wanderung in Richtung Towada-See entlang des ca. 9 Kilometer langen malerischen Teilstücks zwischen Ishigedo und Nenokuchi am Towada-See.

Die Zeit der Herbstfärbung und der Frühling, ab Mitte Mai bis Anfang Juni, sind sicher die schönsten Zeiten

Der Choshi-Otaki-Wasserfall in der Oirase-Schlucht

Der Oirase-gawa ist der Abfluss des Towada-Sees und fließt als Wildwasser mit Stromschnellen durch die Schlucht

für diese Wanderung. Wälder, steile Felshänge und zahlreiche Wasserfälle an der Strecke sowie turbulente Strömungen werden auch Sie begeistern.

Der bekannteste Wasserfall auf dem Weg ist der Choshi Otaki-Wasserfall. Er ist der einzige Wasserfall im Hauptstrom. Mit seiner Höhe von ca. 7 Metern und einer Breite von ca. 20 Metern macht er es Fischen unmöglich, stromaufwärts in den See zu schwimmen. Wenn Sie am Choshi Otaki-Wasserfall angelangt sind, haben Sie schon fast den kleinen Ort Nenokuchi am Towada See erreicht. Je nach Anzahl der Fotostopps benötigt man für die Wanderung rund 2,5 bis 3 Stunden.

Anreise Oirase Schlucht und Towada-ko

Es gibt JR-Busverbindungen von Hachinohe und Aomori aus. Nachfolgend die Fahrzeiten ab bzw. nach Aomori. Je nach Abfahrzeit wird auch Shin-Aomori angefahren, was die Fahrzeiten verlängert. Nach Ishigedo in der Oirase-Schlucht braucht der Bus zwischen 2 und 2,5 Stunden. Für die Rückfahrt ab Nenokuchi braucht der Bus etwas weniger als 3 Stunden. Die Fernbusse machen auf der Strecke von Aomori bis zum Towada See zwei Pausen.

Towada-ko (See)

Der Towada-See im Herzen des Towada-Hachimantai-Nationalparks liegt 400 Meter über dem Meeresspiegel und ist über 300 Meter tief. Er ist der größte Caldera-See auf Honshu. In der Meiji-Ära (1868-1912) gelang erstmals die Zucht von Forellen im Towada See, die heute als lokale Spezialität gelten.

Wenn Sie nach Ihrer Wanderung in Nenokuchi angekommen sind, können Sie in einem der Lokale eine Pause machen oder Sie genießen eine Rundfahrt auf dem See mit einem der Ausflugsboote.

Sukayu Onsen

Sukayu-Onsen

Um es vorwegzunehmen, Onsen gibt es in dieser Gegend reichlich. Wir hatten uns für einen Ruhetag im Sukayu Onsen in Hakkoda entschieden. Man kann hier übernachten oder das Bad als Tagesgast nutzen. Die Geschichte dieses Onsens ist über 300 Jahre alt. Den Thermalquellen mit ihrem milchig-weißen, schwefelhaltigen Wasser werden heilende Kräfte nachgesagt. Es ist eines der wenigen „Mixed Onsen", wobei es auch hier die Bademöglichkeit nur für Frauen gibt. In den Gemeinschaftsbädern mit Zugängen aus getrennten Umkleiden erfolgt die Geschlechtertrennung durch Hinweisschilder am Beckenrand.

Anreise Sukayu Onsen

Von Aomori bis zum Sukayu-Onsen benötigt der JR-Bus zwischen 60 und 90 Minuten.

Hirosaki

Die einstige Festungsstadt Hirosaki bietet neben der Burganlage noch weitere interessante Ziele. Auch in Hirosaki findet man die Touristeninformation direkt in der JR-Station. Hier erhalten Sie alle erforderlichen Informationen und Pläne für Ihren Aufenthalt.

REISEZIELE – NORDJAPAN

Einige touristisch interessante Ziele lassen sich mit einem Loop-Bus erreichen. Für Hirosaki sollten Sie einen Reisetag einplanen. Dies mag in Zeiten der Kirsch- oder Apfelblüte aber unter Umständen nicht reichen. Neben den nachfolgend genannten Sehenswürdigkeiten warten alte Gebäude im westlichen Stil sowie der Choshoji-Tempel auf Ihren Besuch.

Anreise
Ab Aomori benötigen Sie mit der JR-Ou-Line bis Hirosaki rund 40 Minuten.

Hirosaki Castle
Hauptattraktion der Stadt ist die ursprünglich aus dem frühen 17. Jahrhundert stammende Burganlage mit dem dazugehörigen Park. Der heutige Schlossturm stammt aus dem Jahr 1810. Wallanlagen und Park sind für ihre Kirschblüte berühmt. Bei unserem Besuch im Mai 2015 war die Besichtigung des Schlossturmes leider nicht möglich. Grund hierfür war, dass der auf dem Burgwall stehende Schlossturm gerade verschoben wurde, damit die Wall-

Der Turm der Burg in Hirosaki wird für Renovierungsarbeiten an der Burgmauer verschoben

Blick vom Burgturm in Hirosaki in den mit Kirschblüten erblühten Park

mauern repariert werden können. Das gesamte Unterfangen soll ca. 10 Jahre dauern, dann steht der Schlossturm wieder an seinem angestammten Platz.

Wenn Sie den Loop-Bus genommen haben, betreten Sie den Hirosaki-Park durch das Otemon-Tor. Der Park ist groß und sehr schön. Es gibt kurz hinter dem Tor im südöstlichen Teil des Parks einen Botanischen Garten. Am nördlichen Ende des Parks liegt der Gokoku-Schrein. Wenn Sie den Park durch das nördliche Tor verlassen, kommen Sie schnell zu weiteren touristischen Attraktionen.

Anreise
Nehmen Sie an der JR- Hirosaki-Station den 100-Yen Dotemachi-Loop-Bus bis zur Haltestelle Shiyakusho-Mae (vor dem Rathaus). Die Fahrzeit beträgt ca. 15 Minuten.

Samurai-Distrikt
Das ehemalige Samurai-Viertel liegt gegenüber dem nördlichen Parkausgang. In diesem Wohnviertel gibt es heute neben alten Häusern auch moderne Bauten. Der Charakter des Viertels blieb jedoch weitgehend erhalten. Neben einem kleinen Laden in alten Gebäuden können die Ito-Residenz, die Umeda-Residenz sowie die Iwata-Residenz und die Ishiba-Residenz besichtigt werden. Erkundigen Sie sich in der Touristeninformation nach den Öffnungszeiten und holen Sie sich die entsprechenden Pläne.

Anreise
Der Samurai-Distrikt liegt nördlich vom Hirosaki-Park. Falls Sie nicht durch den Park gegangen sind, ist die Haltestelle „Bunka Center-Mae" des Dotemachi-Loop-Buses ca. 10 Gehminuten entfernt.

REISEZIELE – NORDJAPAN

Neputa-Mura

Wenn Sie den Hirosaki-Park am Nordausgang verlassen, Ihren Ausflug in das Samurai-Viertel an der Iwata-Residenz beenden und dann wieder in Richtung Park gehen, finden Sie an der nordöstlichen Ecke des Hirosaki-Park das Neputa-Dorf, auch Festival Float Pavillon genannt. In diesem Museum mit einer kleinen japanischen Gartenanlage gibt es neben Ausstellungsstücken und Informationen über das Neputa-Matsuri (findet jährlich Anfang August statt) auch kleine Läden mit lokalem Kunsthandwerk. Wir konnten uns eine kurze Shamisen-Darbietung anhören und uns auch selbst an den Festivaltrommeln versuchen.

Beleuchtete Festwagen des Nebuta-Matsuri in Hirosaki

Anreise

Die nächste Haltestelle des Dotemachi-Loop-Busses ist auch hier „Bunka Center-Mae", nur fünf Gehminuten entfernt.

Fujita Memorial Garden

Der Fujita Memorial Garden ist ein traditioneller japanischer Landschaftsgarten und liegt südwestlich vom Hirosaki-Park. Der Garten mit Café und Teehaus bietet sich für eine kurze Erholungspause an, bevor es weitergeht.

Anreise

Erreichbar mit dem Dotemachi-Loop-Bus Haltestelle Shiyakusho-Mae (Hirosaki-Park Eingang) und dann ca. 10 Gehminuten.

Hirosaki Apple Blossom Festival

Das große Apfelanbaugebiet liegt in der Nähe des Vulkans Iwaki, der ebenfalls touristisch erschlossen ist. Es fahren Busse in diese Gegend, und zum Vulkan hoch gibt es eine Seilbahn. Die Apfelbäume blühen meistens in der 2. Maihälfte. Witterungsbedingt kommt es aber zu Verschiebungen.

Die Apfelbäume blühen erst auf, wenn die Kirschblüte beendet ist

Anreise

Von der Hirosaki JR-Station fährt ein Bus, der ca. 30 Minuten benötigt. Hinzu kommt ein kurzer Fußweg. Erkundigen Sie sich bitte in der Touristeninformation, wann die Busse fahren. Unter „Nützliche Links" finden Sie in der Rubrik „Veranstaltungen und traditionelle Feste (Matsuri)" auch Linkhinweise zu Fest und Anreise.

Der Showa-Daibutsu im Seiryu-ji Tempel in Aomori

Showa Daibutsu im Seiryu-ji Tempel

Der Seiryu-Tempel ist kein alter Tempel. Die Haupthalle soll erst 1992 fertiggestellt worden sein. Trotzdem lohnt sich der Besuch dieser Tempelanlage, die in einem Vorort von Aomori liegt. Neben der Haupthalle und der großen Gartenanlage ist die fünfstöckige Pagode besonders erwähnenswert.

Das Highlight des Tempels ist aber der Showa Daibutsu. Diese sitzende bronzene Buddha-Statue aus dem Jahr 1984 ist auch manchem Japaner nicht bekannt und in vielen Reiseführern noch nicht erwähnt, obwohl sie mit 21,35 Metern höher ist als die bekannten Statuen in Nara und Kamakura.

Anreise

Mit dem Bus erreicht man Tempel und Showa Daibutsu in etwa 45 Minuten. Der Bus fährt von der Busstation direkt vor der Aomori JR-Station ab und bringt Sie bis zum Eingang der Tempelanlage.

Kakunodate

Die Touristeninformation befindet sich in einem Gebäude vor dem Bahnhof. Hier bekommt man, wie eigentlich überall in Japan, alle gewünschten Informationen und einen übersichtlichen Stadtplan. Es gibt auch die Möglichkeit, sich für die Besichtigungstour in der ruhigen Stadt ein Fahrrad zu mieten. Einfach mal in der Touristeninformation nachfragen.

Kakunodate wird auch „klein Kyoto" genannt. Die kleine Burgstadt in der Präfektur Akita mit ihren vielen Samurai-Familien war in früheren Zeiten eine wichtige regionale Festung. Von der Burg sind keine erkennbaren Überreste mehr vorhanden. Dagegen blieben die Grundzüge des alten Samurai-Distrikts seit 1620 nahezu unverändert. Die damalige Stadtgliederung wies eine Trennung zwischen dem Händler- und dem Samurai-Distrikt auf.

Obwohl die Villen der Samurais besser bekannt sind, gibt es auch im Händlerdistrikt noch interessante Gebäude. Eines dieser gerne besuchten Häuser ist das Ando Jozo Miso Lagerhaus aus der Meiji-Zeit. Das Geschäft verkauft heute noch Soja-Sauce und Miso nach über 150 Jahre alten Herstellungsmethoden. Falls nach dem Besuch des Samurai-Viertels noch etwas Zeit vorhanden ist, lohnt sich der kleine Umweg auf dem Rückweg zum Bahnhof.

Das alte Samurai-Viertel Bukeyashiki

Wenn man von den wenigen Autos in den Straßen des sehr hübschen Viertels absieht, könnte man glauben, dass hier die Zeit stehengeblieben ist. Wer sich für die Kultur der Samurai interessiert, ist hier auf jeden Fall richtig. Sie erreichen den Samurai-Distrikt vom Bahnhof aus in gut 20 Minuten zu Fuß.

Die heute überwiegend privat bewohnten eindrucksvollen Samurai-Residenzen liegen hinter Holzzäunen. Jedoch sind die meisten Tore offen und gewähren einen Einblick in

In der Aoyagi-Residenz in Kakunodate werden alte Waffen, Samurai-Rüstungen und vieles mehr gezeigt

schöne Gärten. Es gibt viele Häuser und Gartenanlagen, die besichtigt werden können. Welche Häuser Eintritt kosten und welche nicht, können Sie dem Stadtplan der Touristeninformation entnehmen. Mir hat seinerzeit die Aoyagi-Residenz am besten gefallen. (Siehe „Nützliche Links") Es handelt sich hier nicht nur um eine Samurai-Villa, sondern um ein kleines Anwesen mit vielen historischen Ausstellungsstücken der Samurai-Familie aus verschiedenen Generationen.

Anreise

Von Tokyo aus erreichen Sie Kakunodate mit dem Shinkansen Komachi in gut drei Stunden.

Ab Aomori geht es mit einem Lokalzug nach Shin-Aomori. Von hier nehmen Sie einen Shinkansen Hayabusa bis Morioka. Hier steigen Sie in einen Shinkansen Komachi bis Kakunodate. Auf dieser Fahrstrecke liegen die Fahrzeiten, obwohl der Weg eigentlich kürzer ist, aufgrund der Wartezeiten auch zwischen 2,5 bis zu über 3 Stunden.

Eine Samurai-Residenz im Bukeyashiki in Kakunodate

Matsushima

Die rund 260 mit Kiefern bewachsenen Inseln in der Bucht vor dem Ort Matsushima gehören zu den schönsten Anblicken Japans. Wir haben den Ort vor dem Tsunami im Jahr 2011 besucht und möchten das Erlebnis nicht missen. Die Bucht mit ihren vielen Sehenswürdigkeiten hat durch den Tsunami aber keinen größeren Schaden genommen und ist noch immer eine Reise wert.

Zumindest vor dem Tsunami war der Ort ein beliebtes Ziel für Touristen aus der ganzen Welt. Unter „Nützliche Links" finden Sie einen Hinweis für weitere Informationen. Matsushima soll außerhalb der kontaminierten Zone liegen. Die örtliche Touristeninformation versichert dies ebenfalls. Informieren Sie sich aber auf jeden Fall im Rahmen Ihrer Reiseplanung über die aktuelle Lage.

Der Panoramablick auf die Bucht ist wirklich traumhaft schön. Außerdem bietet der Ort mit dem Zuiganji-Tempel ein Relikt der japanischen Architektur des 17. Jahrhunderts. Auch ein Besuch der teilweise über Brücken erreichbaren kleinen Inseln ist empfehlenswert. Erwähnenswert ist auch der kleine Tempel Godai-do, der auf einer Mini-Insel direkt vor der Uferpromenade steht und nur drei Mal in 100 Jahren geöffnet wird. Eine weitere kleine Insel Namens Oshima kann man

Blick auf die Inselwelt von Matsushima von einem Aussichtspunkt

ebenfalls zu Fuß über eine hölzerne Brücke erreichen. Hier gibt es einige Meditationshöhlen, in die sich früher Mönche zurückgezogen haben. Die größere Insel Fukuura-jima erreicht man über eine ca. 250 Meter lange Holzbrücke.

Der Besuch ist kostenpflichtig. Der botanische Garten auf der Insel bietet sich zum Spazieren gehen und entspannen an.

Anreise

Matsushima lässt sich zum Beispiel im Rahmen eines Tagesauflugs von Tokyo aus gut besuchen. Mit dem Shinkansen erreichen Sie Sendai in etwa 90 Minuten. Mit einem Zug der JR-Senseki-Linie brauchen Sie dann noch etwa 40 Minuten bis zur Station Matsushima-Kaigan.

Die Bucht von Hakodate

Hokkaido

Hokkaido ist wesentlich schwächer besiedelt als andere Landesteile. Obwohl die Insel gut 22% der Landfläche Japans ausmacht, hat Hokkaido nur ca. 5,5 Millionen Einwohner. Dies muss man sicher auch im Zusammenhang mit der Besiedlungspolitik sehen. Mit der planmäßigen Besiedlung dieses Landesteiles wurde erst ab Mitte des 19. Jahrhunderts begonnen, als Japan sich dem Westen öffnete. Erst in dieser Zeit erhielt die Insel auch ihren heutigen Namen. Davor wurde sie Ezo genannt. Jahrhunderte lang lebten hier – abgesehen von wenigen Japanern – nur die Ainus, die indigenen Ureinwohner. Es gab zwar einzelne japanische Handelsposten auf der Insel, aber erst Ende des 16. Jahrhundert erhielt der Matsumae-Clan den Auftrag, im Süden der Insel eine nördliche Verteidigungslinie aufzubauen. Heute sollen noch ca. 25.000 Ainus auf Hokkaido leben. Museumsdörfer erinnern an Kultur und Lebensgewohnheiten der Ainus.

Hokkaido ist von Honshu aus, mit dem Flugzeug, mit Fährverbindungen sowie mit der Bahn durch den 54 Kilometer langen Seikan-Tunnel unter der Tsugaru-Meerenge zu erreichen. Zurzeit befindet sich die Shinkansen-Strecke nach Sapporo im Bau. Bis 2035 soll es noch dauern, bis der Shinkansen auch Sapporo erreicht. Mit der Inbetriebnahme einer ersten Teilstrecke zwischen Shin-Aomori und der Shin-Hakodate-Hokuto-Station ab Frühjahr 2016 haben sich die Reisezeiten in den Norden aber schon etwas verkürzt. Bis Sapporo brauchen Sie mit der Bahn von Tokyo aus ungefähr 8 bis 9 Stunden. Es gibt aber auch Flüge von Deutschland nach Sapporo. Allerding muss man in Tokyo zum Inlandsflug umsteigen. Diese Flüge sind in der Regel nicht wesentlich teurer als ein Flug nach Tokyo oder Osaka.

Meine persönlichen Eindrücke und Erfahrungen für Hokkaido sind begrenzt, da wir nur einmal im Jahr 2015 den ganz südlichen Teil um Hakodate bereist haben. Bevor man einen Abstecher oder längeren Aufenthalt im weitläufigen Hokkaido plant, sollte man sich schon über die Gründe seiner Reise im Klaren sein. Typische kulturelle Ziele gibt es kaum und schöne Landschaften kann man mit weniger Aufwand auf Honshu bereisen. Abgesehen von den guten Wintersportmöglichkeiten gibt es aus meiner Sicht für den Besuch dieses, nördlichsten Landesteils nur das Motiv, die eindrucksvolle und oft noch unberührte Natur hautnah erleben zu wollen.

Wenn Sie die Naturgebiete im Norden aber bereisen möchten, werden Sie vermutlich um einen Mietwagen nicht herumkommen. Sapporo wäre für einen derartigen Reiseansatz sicher ein guter Ausgangspunkt. Eine andere Möglichkeit ist es, sich einem örtlichen Reiseunternehmer anzuvertrauen (siehe „Nützliche Links"). Aber auch unser Abstecher in den Süden von Hokkaido hatte schon einiges zu bieten. Nachfolgend einige Hinweise zu Zielen in und um Hakodate herum.

Hakodate

Hakodate, die drittgrößte Stadt Hokkaidos, liegt an der Südspitze der Insel und gehörte mit zu den ersten japanischen Hafenstädten, die für den internationalen Handel geöffnet wurden. Dies hatte zur Folge, dass sich hier seinerzeit relativ schnell eine westliche Gemeinde bildete. Dieser Einfluss aus Übersee ist heute noch an den teilweise vorhandenen Gebäuden der damaligen ausländischen Kolonie erkennbar.

Kostenlose Wellness für die Füße nahe der Straßenbahn Haltestelle Yunokawa Onsen in Hakodate

Der Fahrer des alten Straßenbahnwaggons in Hakodate steht trotz Linienbetriebs für Fotos bereit

Die Stadt ist touristisch gut erschlossen und für ihre köstlichen, frischen Meeresfrüchte bekannt. Auch als Ausgangspunkt für Ausflüge in die Umgebung ist Hakodate eine gute Wahl. Für Ziele innerhalb der Stadt bietet sich die Nutzung der Straßenbahn oder der Buslinien an. Viele interessante Ziele lassen sich insbesondere mit der Straßenbahn schnell erreichen. Mit etwas Glück können Sie auch eine Fahrt in einem gut restaurierten 100 Jahre alten Wagon der Straßenbahn genießen. Die Nutzung von Bussen und Straßenbahnen wird durch Tagestickets erleichtert und für die Besichtigung von historischen Gebäuden und Museen können teilweise Kombi-Tickets erworben werden. Viele touristisch interessante Punkte liegen westlich des Bahnhofes an der Bucht von Hakodate. Wir hatten dies bei der Hotelwahl berücksichtigt und konnten daher viele Ziele zu Fuß erreichen. Es gibt auch einige Onsen in und um Hakodate herum sowie an der Hafenbucht Hotels mit eigenem Onsen.

Die Touristeninformation befindet sich im JR-Bahnhofsgebäude vor dem Busbahnhof. Wie immer gibt es hier alle Informationen, die Sie für Ihren Aufenthalt in und um Hakodate herum benötigen.

Anreise

Ab Tokyo erreicht man die Shin-Hakodate-Hokuto-Station mit einem Shinkansen Hayabusa in ca. 4 bis 4,5 Stunden. Von der Shin-Hakodate-Hokuto-Station benötigt man mit dem Lokalzug inklusive Wartezeit dann noch ca. 30 Minuten zur Hakodate-Station. Rechnen Sie also von Tokyo aus mit einer Gesamtreisezeit von gut 5 Stunden. Von Aomori aus erreichen Sie Hakodate in ca. 1,5 Stunden.

Asaichi Morgenmarkt

Nur wenige Schritte vom JR-Bahnhof Hakodate liegt der sich über mehrere Hallen erstreckende Morgenmarkt. Hier werden jeden Morgen ab 5 Uhr (im Winter ab 6 Uhr) bis zum Mittag frische Meeresfrüchte, Algenprodukte sowie Gemüse und Obst zum Verkauf angeboten. In Restaurants und auch an Verkaufsständen gibt es die Möglichkeit frische Meeresprodukte zu essen. Der Besuch des Areals lohnt sich auch, wenn man preiswert Algenprodukte für die heimische Küche erwerben möchte.

Einen Besuch des Asaichi Morgenmarktes sollte man nicht versäumen

Botanischer Garten

Der „Hakodate Tropical Botanical Garden" ist eintrittspflichtig und bietet eine überschaubare Auswahl von tropischen Pflanzen. In dem Park werden in einem kargen Betonbecken leider auch Japan-Makaken gehalten. Die apathisch wirkenden Tiere sollen zumindest in den Wintermonaten die Möglichkeit haben, sich mittels eines heißen Bads zu wärmen. Ich kann den Besuch dieser Anlage nicht empfehlen.

Anreise
Man erreicht den Garten über eine Buslinie (bitte in der Touristeninformation fragen) oder mit der Straßenbahn bis zur Haltestelle Yunokawa Onsen, dann ca. 15 Minuten Fußweg.

Goryokaku-Fort

Eine besondere historische Stätte ist das zum Ende des 19. Jahrhunderts nach westlichem Vorbild sternförmig angelegte Goryokaku-Fort, von dem noch Reste vorhanden sind. Bereits kurz nach dem Bau wurde das Fort zum Schauplatz des Bürgerkrieges zwischen der Armee des Shogunats und den überlegenen Truppen der neu gegründeten Meiji-Regierung. Die ehemalige Festung wurde später

Nachbau des ehemaligen Hokodate Magistrat Office auf dem Gelände des Goryokaku-Fort

in einen öffentlichen Park umgewandelt. Heute befindet sich in der Mitte der Festungsanlage ein Nachbau des ehemaligen „Hakodate Magistrat Office".

Vor dem Park steht der Goryokaku Tower. Er bietet mit seiner Aussichtsplattform einen guten Blick auf das Festungsgelände.

Anreise
Festung und Turm erreicht man mit der Straßenbahn (Station Goryokaku Koen-mae) und einem kurzen Fußweg.

Hakodate-yama
Der 334 Meter hohe Berg Hakodate oberhalb von Motomachi bietet einen herrlichen Blick über die Stadt. Der absolute Höhepunkt ist jedoch der spektakuläre Nachtblick über die leuchtende Stadt. Nutzen Sie unbedingt den ersten Tag mit schönem Wetter und klarer Sicht für eine Fahrt auf den Berg. Mit der Seilbahn erreichen Sie die Bergstation in wenigen Minuten.

Anreise
Die Talstation der Seilbahn liegt im Motomachi-Bezirk ca. 10 Gehminuten von der Jujigai-Haltestelle der Straßenbahn entfernt.

Blick vom Goryokaku-Tower auf das ehemalige Goryokaku-Fort in Hakodate

Das Lagerhausviertel am Hafen in Hakodate lädt zum Bummeln in den Geschäften ein

Lagerhausviertel

Der Hafen von Hakodate nahm 1859 seinen Betrieb für den internationalen Handel auf. Noch heute findet man an der Bucht von Hakodate viele der historischen Lagerhäuser aus roten Backsteinen. Die alten Häuser liegen ein Stück westlich des Bahnhofes und wurden zu einem Restaurant- und Shoppingkomplex umgestaltet und laden bei einem Gang an der Uferpromenade zum Besuch ein.

Anreise

Das Viertel erreichen Sie über die Straßenbahnstationen Jujigai oder Motomachi sowie der Bushaltestelle Meiji-kan.

Motomachi

Der Motomachi-Bezirk liegt am Fuß des Bergs Hakodate oberhalb der Bucht von Hakodate. Hier hatten sich nach der Öffnung Japans Händler aus Russland, China und westlichen Ländern mit ihren Vertretungen niedergelassen. Hiervon zeugen noch heute der Ausländerfriedhof sowie viele gut restaurierte ausländische Gebäude, die noch immer das Stadtbild in diesem Bezirk prägen. Zu den bekanntesten Denkmälern dieser Zeit zählen das alte britische Konsulat, die russisch-orthodoxe Kirche, die Hakodate Public Hall und die Chinesische Gedenkhalle. Die Anordnung der Straßen zum Hafen hin erlaubte den Kaufleuten einen freien Blick auf einlaufende Schiffe.

Nach einem Spaziergang durch das Viertel und einigen Besichtigungen lädt unterhalb der alten Public Hall der Motomachi-Park zum Verweilen ein. Wenn Sie sich für die Geschichte der Ureinwohner interessieren, empfiehlt sich ein Besuch des „Museum of Nothern People" auf dem Rückweg zur Straßenbahn. Falls Sie lieber eine gute Tasse Kaffee und mit leckerem Kuchen vorziehen, lohnt sich ein Besuch des Tachikawa Cafés in der ehemaligen Residenz der Familie Tachikawa.

Anreise
Motomachi ist gut mit der Straßenbahn (Haltestelle Suehiro-cho oder Motomachi) zu erreichen. Das Tachikawa Café liegt in der Nähe der Straßenbahnhaltestelle Omachi. Die genaue Lage entnehmen Sie bitte dem Plan aus der Touristeninformation.

Ausflugsziele um Hakodate

Berg Esan

Östlich von Hakodate befindet sich 618 Meter über dem Meeresspiegel der aktive Vulkan Esan. Eine Straße führt auf den Gipfel des Schwefel und Gas spuckenden Vulkankraters. Vom Parkplatz ist es dann nur ein kurzes Stück bis zum Kratergebiet. Besonders schön sieht der Berg von Mitte Mai bis Anfang Juni aus, wenn an den Berghängen und im Azaleenpark am Fuß des Berges ein Meer aus rosaroten Azaleen erblüht. In der Umgebung des Berges gibt es wieder Onsen, die zum Besuch einladen.

Soviel zur Theorie. Als wir Mitte Mai mit dem Bus an der Küste entlang in Richtung Esan gefahren sind, setzte kurz nach dem Aussteigen bei schwüler Wärme kräftiger Regen ein. Wir sind dann trotzdem losge-

Mount Esan auf Hokkaido

zogen. Es ging in Serpentinen steil bergauf, was bald dazu führte, dass die uns äußerlich vor Regen schützende Jacke von innen genauso nass war, wie von außen. Die Touristen, die mit ihren Autos an uns vorbeifuhren, beneideten wir in diesem Moment schon. Die Karte aus dem Tourismusbüro führte uns ohne Probleme bis zum Gipfel. Als wir fast oben waren, wurde dann auch der Regen weniger. Kurz

Azaleenpark am Hang des Mount Esan auf Hokkaido

vor dem Gipfel gibt es einen Aussichtspunkt. Trotz des bedeckten Himmels konnte man die Konturen von Honshu jenseits der Tsugaru-Meerenge erahnen. Bei klarem Wetter muss die Aussicht von hier atemberaubend sein. Je nach Kondition sollten Sie für Auf- und Abstieg 4 bis 5 Stunden einplanen. Auf dem Hin- oder Rückweg sollten Sie in der Zeit der Azaleenblüte noch einen Zwischenstopp im Azaleenpark nahe der großen bronzefarbenen Kanon-Statue einplanen.

Anreise
Die Fahrt mit dem Bus entlang der malerischen Küstenstraße bis Tozanguchi dauert pro Richtung jeweils gut 2 Stunden. Da der Bus nicht so oft fährt, sollten Sie sich unbedingt in der Touristeninformation einen Fahrplan geben lassen und rechtzeitig zur Rückfahrt zurück sein.

Matsumae-jo
Matsumae war früher die nördlichste Burgstadt Japans und Matsumae-jo ist die einzige japanische Burg, die je auf Hokkaido gebaut wurde. Sie entstand Anfang des 17. Jahrhunderts. Wie viele japanische Burgen, wurde auch Matsumae-jo mehrmals im Laufe der Zeit zerstört. Die heute zu besichtigende Anlage wurde um 1960 als Nachbau rekonstruiert.

Leider ist Matsumae mit seiner Lage nahe des Seikan-Tunnels, verkehrstechnisch nur umständlich zu erreichen, da eine ca. dreistündige Fahrt mit dem Bus oder anderen Verkehrsmitteln von Hakodate aus erforderlich ist. Wir haben daher von dem geplanten Besuch kurzfristig Abstand genommen und uns einer anderen Aktivität zugewandt. Hinzu kam, dass wir bereits viele ähnliche Bauwerke auf Honshu besichtigt hatten.

Anreise

Zwischen Hakodate und Kikonai gibt es verschiedene Zugverbindungen. Der Zeitaufwand liegt im günstigsten Fall bei etwa 1 Stunde. Ab Kikonai benötigt der Bus dann nochmal ca. 1,5 Stunden. Zwischen Hakodate und Matsumae existiert auch eine direkte Busverbindung. Die einfache Fahrt dauert aber ca. 3,5 Stunden.

Onuma-Quasi-Nationalpark Onuma-Koen

Der Onuma-Park bietet sich für einen schönen Tagesausflug an. Er liegt gut 30 Kilometer nördlich von Hakodate und ist leicht mit der Bahn zu erreichen. Eine kleine Touristeninformation befindet sich neben der JR-Station Onuma-koen. Holen Sie sich dort bitte einen Plan für Ihren Ausflug zum Seeufer oder für sonstige Unternehmungen.

Im Onuma-Quasi-Nationalpark auf Hokkaido

Blick auf die Inseln im Onuma-See

Der schönste Teil des Parks befindet sich zwischen dem kleineren Konuma-See und dem großen See Onuma. Kleine Brücken verbinden Halbinseln und Inseln und ermöglichen einen Spaziergang am Seeufer. Da diese Wege ausschließlich zu Fuß erkundet werden dürfen, steht dem ungetrübten Genuss der Natur nichts im Weg. So konnten wir sogar ungestört Seeadler bei der erfolgreichen Jagd beobachten. Für die Bewältigung der verschiedenen Wege kann man zwischen 15 und 60 Minuten einplanen.

Für größere Touren im Nationalpark oder eine Seeumrundung können Fahrräder gemietet werden. Aber es dürfen eben nicht alle Wege damit befahren werden. Daher müssen bei einer Seeumrundung auch Straßen benutzt werden. In der warmen Jahreszeit sind die ca. 40 Minuten langen Bootstouren mit einem Rundkurs auf den Seen Konuma und Onuma sehr beliebt. Mit etwas Glück spiegelt sich dann der 1.133 Meter hohe Vulkanberg Komaga-take im Wasser des Sees.

Im Park leben viele Seeadler

Anreise
Mit einem Limited Express Hokuto beträgt die Fahrzeit zwischen Hakodate und Onuma-koen ca. 20 Minuten. Wenn Sie nur einen Lokalzug der JR-Hakodate-Line bekommen, müssen Sie mit 40 bis 50 Minuten rechnen.

Anhang

Hinweise zu den Quellenangaben

Die in diesem Buch verwendeten Zahlen, wie zum Beispiel Einwohnerzahlen oder Flächenangaben, stammen teilweise aus dem „Statistical Yearbook of Japan 2016" (Herausgeber: Statistics Bureau of the Ministry of Internal Affairs and Communications – www.stat.go.jp/english). Zur Verifizierung einiger Angaben wurden auch Internetseiten offizieller japanischer Einrichtungen und weitere Seiten des nachfolgenden Linkverzeichnisses herangezogen.

Nützliche Links (Stand August 2017)

Diese Linksammlung ist eine im Zuge unserer Reiseplanungen 2010, 2013 und 2015 entstandene Auswahl. Die Sortierung ist zufällig und soll keine Wertung darstellen. Das Internet ist sicher ein sehr nützliches Informationsmedium, aber leider auch sehr schnelllebig, deshalb kann keine Garantie für die Inhalte und Aktualität der Links übernommen werden. Auf der Internetseite des Autors (www.autor-beckmann.de) steht Ihnen ein aktualisiertes bzw. ergänztes Linkverzeichnis zur Verfügung. Weder Autor noch Verlag übernehmen Verantwortung und Haftung für die Inhalte der aufgelisteten Links.

Allgemeine Informationen, Reiseziele und Tipps
www.wikipedia.de
www.youtube.com
www.jnto.de
www.jnto.go.jp/eng
www.japan-experience.de
www.tourismus.de/asien/japan
www.japan-guide.com
www.nachjapanreisen.de
www.japanvisitor.com
www.japanport.eu
www.tabibito.de/japan
www.focus.de/reisen/japan
www.lifeinjapan.de
travel-around-japan.com
www.mustlovejapan.com
www.japan.ahk.de/japan-tipps/land-leute

Videos und Erfahrungsberichte über Japan
visitjapan-europe.jnto.go.jp/de/

Klima und Wetter
www.geo.de/reisen/community/reisen/japan/klima
www.online-reisefuehrer.com/asien/japan/klimatabelle-reisezeit.htm

Zeiten der Kirschblüte
www.jnto.go.jp/sakura/eng/index.php

Japan Ryokan & Hotel Association
www.ryokan.or.jp/de

Einreise nach Japan
www.de.emb-japan.go.jp/konsular/einreise.html

Zollbestimmungen
www.customs.go.jp/english/passenger/index.htm
www.de.emb-japan.go.jp/konsular/zoll.html

Einfuhr von Medikamenten
www.mhlw.go.jp/english/policy/health-medical/pharmaceuticals/01.html

Ministry of Economy, Trade and Industry of Japan (Hinweise zu belasteten Gebieten)
www.meti.go.jp/english/earthquake/nuclear/roadmap/index.html

Hinweise des Auswärtigen Amtes
www.auswaertiges-amt.de/DE/Laenderinformationen/00-SiHi/JapanSicherheit.html

Deutsche Vertretungen / Deutsche Botschaft
www.japan.diplo.de/Vertretung/japan/de/Startseite.html

Österreichische Botschaft Tokyo
www.bmeia.gv.at/botschaft/tokio.html

Schweizer Botschaft in Tokyo
www.eda.admin.ch/countries/japan/de/home/vertretungen/botschaft.html

Informationen zu Daten-Sim-Karte und Pocket Wifi Box
www.japantravelsim.com
www.sakuramobile.jp/short-term-sim-card-plans
www.der-japan-rail-pass.de/services
www.japanspecialist.de/japan-travel-sim/

Steuerfrei einkaufen
enjoy.taxfree.jp
www.japan-guide.com/e/e2450_how.html

Kaiserliches Hofamt
sankan.kunaicho.go.jp/english

Nationalparks
www.env.go.jp/en/nature/nps/park/index.html
www.japan-guide.com/e/e2325.html
www.bes.or.jp/english/parks

Anhang

Weltkulturerbe-Stätten in Japan
www.jnto.de/japan/in-japan/weltkulturerbe.html
whc.unesco.org/en/statesparties/jp

Zentraljapan: Kanto und Chubu
Tokyo
gotokyo.org/de
gotokyo.org/de/tourists/areas/index.html
www.gotokyo.org/book/?la=et
www.metropole-tokio.de
www.metro.tokyo.jp/ENGLISH/index.htm
www.sueddeutsche.de/reisefuehrer/tokio/
Flohmärkte in Tokyo
www.gotokyo.org/de/discovery/vol2/special04.html
Parks und Gärten in Tokyo
www.tokyo-park.or.jp/english/park
teien.tokyo-park.or.jp/en
Museen in Tokyo
www.japan-guide.com/e/e3054.html
en.wikipedia.org/wiki/List_of_museums_in_Tokyo
www.sapporoholdings.jp/english/guide/yebisu
www.tnm.jp/?lang=en
www.touken.or.jp/english/index.html
www.samuraimuseum.jp/en/index.html
www.sumo.or.jp/en/index
www.edo-tokyo-museum.or.jp/en
Tokyo Tower
www.tokyotower.co.jp/en.html
Tokyo-Skytree
www.tokyo-skytree.jp/
Aquarien und Zoos in Tokyo
www.aqua-park.jp/aqua/en/
www.sunshinecity.co.jp/english/index.html
www.gotokyo.org/en/discovery/vol12/index.html
Tsukiji Fischmarkt
www.tsukiji-market.or.jp/tukiji_e.htm
Toyota Mega Web
www.megaweb.gr.jp/about/english.html
Omiya Bonsai Village
omiyabonsai.jp/gardens
Kawagoe
www.koedo.or.jp/foreign/english
Kamakura
en.kamakura-info.jp
Erdbebensimulator in Yokohama
bo-sai.city.yokohama.lg.jp/lang/en
Nikko
www.city.nikko.lg.jp/foreign/index.html
www.nikko-travel.jp/english
www.toshogu.jp/english/shrine/

Hakone Nationalpark
www.hakone.or.jp/en
Wandern auf dem Nakasendo
www.nakasendoway.com
Matsumoto
welcome.city.matsumoto.nagano.jp/de
Schneeaffen im Jigokudani Yaen-Koen
en.jigokudani-yaenkoen.co.jp
Onsen-Region Gunma
www.visitgunma.jp/en/index.php
Kanazawa
www.kanazawa-tourism.com
Shosenkyo Gorge (Schlucht im Chichibu-Tama-Kai-National Park)
www.japan-guide.com/e/e6952.html
Chiba
japan-chiba-guide.com/
Sawara
www.suigo-sawara.ne.jp/abroad.html
Inuyama
ml.inuyama.gr.jp/en
Oagata-jinja und das Schrein Festival
kikuko-nagoya.com/html/ooagata-shrine.html
Tagata-jinja und das Schrein Festival
kikuko-nagoya.com/html/tagata-shrine.html

Westjapan: Kinki (Kansai), Chugoku und Shikoku
Kyoto
kyoto.travel/de
www.insidekyoto.com/best-temples-in-kyoto
www.kyotoguide.com/
www.japan-kyoto.de
kyoto-entdecken.de/
www2.city.kyoto.lg.jp/koho/eng/kyoto/
Toei Kyoto Studio Filmpark
www.toei-eigamura.com/en
Gekkeikan Okura Sake Museum in Fushimi
www.gekkeikan.co.jp/english/products/museum/index.html
Sagano Romantik Train
www.sagano-kanko.co.jp/english.php
Bootstour von Kameoka bis Arashiyama
www.hozugawakudari.jp/en/access-en
Bambuswald in Arashiyama
www.insidekyoto.com/arashiyama-bamboo-grove
Iwatayama Affenpark in Arashiyama
japan-kyoto.de/affenpark-iwatayama-arashiyama-kyoto/monkeypark.jp/
Yamazaki Whisky Destillerie
www.suntory.com/factory/yamazaki/facility/index.html

233

Keine Angst vor japan

Osaka
www.jnto.go.jp/eng/regional/osaka/
www.osaka-info.jp/en
Einkaufs- und Vergnügungsviertel in Osaka
americamura.jp/en
Kaiyukan-Aquarium in Osaka
www.kaiyukan.com/language/german/
Nara
narashikanko.or.jp/en
www.jnto.go.jp/eng/location/regional/nara/narakoen.html
www.todaiji.or.jp/english
Mikimoto Perleninsel
www.mikimoto-pearl-museum.co.jp/ger/top.html
Ise-Schrein
www.isejingu.or.jp/foreign
Himeji
www.himeji-kanko.jp/en
Okayama
okayama-japan.jp/en
Miyajima
visit-miyajima-japan.com/flash/german/welcome.html
www.jnto.go.jp/eng/regional/hiroshima/miyajima.html
Akiyoshido-Höhle
english.karusuto.com
Shikoku
www.tourismshikoku.org
Ritsurin-Garten in Takamatsu
ritsuringarden.jp/en.Top/en.top.html
Naruto-Gezeitenstrudel
www.pref.tokushima.jp/german/attraction/nature/index01.html
Deutsches Haus in Bando
www.djg-lueneburg.de/Naruto/Deutsches%20Haus.html
bando.dijtokyo.org

Südjapan: Kyushu und Okinawa
Kyushu
www.welcomekyushu.com/
Fukuoka/Hakata
www.city.fukuoka.lg.jp/english
yokanavi.com/de/
Beppu
www.city.beppu.oita.jp/seikatu/gaikokujinmuke/ei/
www.beppu-jigoku.com
www.jnto.go.jp/eng/location/regional/oita/beppu.html
Karatsu
www.karatsu-kankou.jp/en
Kumamoto
kumamoto-guide.jp/en/
kumanago.jp/en

Vulkan Aso
www.aso.ne.jp/~volcano/eng
www.kyusanko.co.jp/aso/lang_en
Nagasaki
visit-nagasaki.com
travel.at-nagasaki.jp
www.nagasaki-tabinet.com/mlang/english/guide/tourism.php
www.city.nagasaki.lg.jp/dejima/en/index.html
www.glover-garden.jp/english
Yanagawa
www.yanagawa-net.com/eng
www.yanagawakk.co.jp/index_e.html
Yoshinogari-koen
www.yoshinogari.jp/en
Kagoshima
www.pref.kagoshima.jp/foreign/english
www.kagoshima-kankou.com/for
Sengan-en Garten (Isotei-en koen)
www.senganen.jp/en/top
Ibusuki
www.ibusuki.or.jp
www.city.ibusuki.lg.jp/main
Okinawa
visit-okinawa.com
de.visitokinawa.jp

Nordjapan: Tohoku und Hokkaido
Matsushima
www.matsushima-kanko.com/en
Aomori
www.en-aomori.com
Seiryu-ji bei Aomori (japanische Seite)
showa-daibutu.com
Hakkoda Seilbahn
www.hakkoda-ropeway.jp/english
Hakkoda-san
www.japan-guide.com/e/e3780.html
Sukayu-Onsen
www.en-aomori.com/hotspring-008.html
Hirosaki
www.hirosaki-kanko.or.jp/en
www.en-hirosaki.com
Kakunodate
kakunodate-kanko.jp/language/en/
en.japantravel.com/akita/cycling-in-kakunodate/19601
www.samuraiworld.com/english/index.html
Hokkaido
en.visit-hokkaido.jp

Bildnachweis

Titelfoto: Flickr, Che Hong, cc-by 2.0; **Fotos im Innenteil**: Gisela Beckmann, außer:
11: Japan National Tourism Organisation (JNTO); **18**: Ministry of Economy, Trade and Industry of Japan - www.meti.go.jp/english/earthquake/nuclear/roadmap/index.html; **24**: Flickr, Rosino, cc-by-sa 2.0; **34**: Flickr, 私の写真, cc-by-sa 2.0; **45**: Flickr, Su May, cc-by 2.0; **59**: Flickr, Dick Thomas Johnson, cc-by 2.0; **60**: Flickr, DocChewbacca, cc-by-sa 2.0; **61**: Kagoshima Prefectural Tourist Federation / JNTO; **65**: Yasufumi Nishi /JNTO; **71** oben und unten: Wikimedia Commons, gemeinfrei; **72**: Wikipedia, Rnickel, gemeinfrei; **77**: Flickr, naixn, cc-by-sa 2.0; **78**: Flickr, Andrea Schaffer, cc-by 2.0; **79**: Wikipedia, Chris73, cc-by-sa 3.0; **82**: Flickr, Bryan Allison, cc-by-sa 2.0; **85**: Wikimedia Commons, Suguri F, cc-by-sa 3.0; **86**: Wikimedia Commons, DryPot, cc-by-sa 3.0; **89**: Flickr, Yoshihide Nomura, cc-by-nd 2.0; **91**: Flickr, Ewan Munro, cc-by-sa 2.0; **93**: JNTO; **94**: Flickr, Ippei Suzuki, cc-by 2.0; **95**: unsplash, Leo McLaren, gemeinfrei; **100**: Flickr, DocChewbacca, cc-by-nd 2.0; **101**: Flickr, Maxime Guilbot, cc-by-sa 2.0; **103**: Flickr, Yuya Tamai, cc-by 2.0; **104**: Flickr, Hans Johnson, cc-by-nd 2.0; **107**: Flickr, Arjan Richter, cc-by 2.0; **110**: Flickr, Oimax, cc-by 2.0; **112, 114, 117**: Flickr, Hans Johnson, cc-by-nd 2.0; **113**: Flickr, Dick Thomas Johnson, cc-by 2.0; **118**: Flickr, Pedro Szekely, cc-by-sa 2.0; **124**: Flickr, Guilhem Vellut, cc-by 2.0; **128**: Flickr, Takeshi Kuboki, cc-by-sa 2.0; **130**: JNTO; **131**: Flickr, Terrazzo, cc-by 2.0; **135**: Flickr, Shadowgate, cc-by 2.0; **136**: Flickr, m thierry, cc-by-sa 2.0; **137**: Flickr, Kyle Hasegawa, cc-by 2.0; **146**: Flickr, Koji Ishii, cc-by 2.0; **160**: Flickr, José María Mateos, cc-by 2.0; **161**: Flickr, Takashi Hososhima, cc-by-sa 2.0; **162**: Flickr, Alberto Gragera, cc-by 2.0; **165**: Flickr, Matthias Rosenkranz, cc-by-sa 2.0; **166**: Flickr, Olivier Lejade, cc-by-sa 2.0; **167**: Flickr, flowertourism, cc-by-sa 2.0; **168**: Flickr, Olivier Bruchez, cc-by-sa 2.0; **169** (oben): Flickr, Yu-Jheng Fang, cc-by-sa 2.0; **169** (unten): Flickr, John Weiss, cc-by-nd 2.0; **170**: Wikipedia, Martin Falbisoner, cc-by-sa 4.0; **172**: Flickr, Pedro Szelely, cc-by-sa 2.0; **175**: Flickr, Takashi Hososhima, cc-by-sa 2.0; **176**: Flickr, ih, cc-by-nd 2.0; **182**: Flickr, ajari, cc-by 2.0; **185**: Flickr, José María Mateos, cc-by 2.0; **185**: Flickr, David Offf, cc-by 2.0; **186**: Flickr, Sora, cc-by-nd 2.0; **186**: Flickr, John Carkeet, cc-by 2.0; **192**: JNTO; **194**: Wikipedia, Seaside-momochi, cc-by-sa 3.0; **196** oben: Promotion Airport Environment Improvement Foundation / JNTO, unten: JNTO; **197**: Saga Prefecture / JNTO; **201**: Flickr, tjabeljan, cc-by 2.0; **201**: Wikimedia Commons, Chris73, cc-by-sa 3.0; **205**: JNTO; **206**: Flickr, x768, cc-by-sa 2.0; **210**: Flickr, tsuda, cc-by-sa 2.0; **216**: JNTO; **217**: Iwate Prefecture / JNTO; **221**: JNTO; **223**: Hokkaido Tourism Organization/JNTO **224**: Flickr, bryan..., cc-by-sa 2.0

Die Creative-Commons-Lizenzen in Internet:
creativecommons.org/licenses/by/4.0; creativecommons.org/licenses/by-sa/4.0; creativecommons.org/licenses/by-nd/4.0/ (bzw. jeweils /2.0, /2.5, /3.0)

»Wie ich versuchte, 88 Tempel zu erobern und mich dabei in Japan verlor«

Fremdes Japan
Thomas Bauer

Folgen Sie dem Autor auf dem ältesten Pilgerweg der Welt rund um die Insel Shikoku

280 S. | ca. 50 Abb.
14 x 20 cm | 14,99 €
ISBN: 978-395503-095-7